数字化时代的基本权利保护
SHUZIHUA SHIDAI DE JIBEN QUANLI BAOHU

谢立斌◎主编

中国政法大学出版社

2023·北京

声　明　1. 版权所有，侵权必究。

2. 如有缺页、倒装问题，由出版社负责退换。

图书在版编目（CIP）数据

数字化时代的基本权利保护/谢立斌主编.—北京：中国政法大学出版社，2023.10
ISBN 978-7-5764-1188-1

Ⅰ.①数… Ⅱ.①谢… Ⅲ.①权益保护－中国－文集Ⅳ.①D923.04-53

中国国家版本馆 CIP 数据核字(2023)第 211878 号

出版者	中国政法大学出版社
地　址	北京市海淀区西土城路 25 号
邮寄地址	北京 100088 信箱 8034 分箱　邮编 100088
网　址	http://www.cuplpress.com（网络实名：中国政法大学出版社）
电　话	010-58908285(总编室) 58908433（编辑部）58908334(邮购部)
承　印	北京中科印刷有限公司
开　本	880mm×1230 mm　1/32
印　张	6.125
字　数	143 千字
版　次	2023 年 10 月第 1 版
印　次	2023 年 10 月第 1 次印刷
定　价	35.00 元

目 录

人格权保护与大数据／［德］赖因哈德·盖尔 …………… 001
对个人数据的财产保护／［德］夏洛特·洛特根 …………… 010
多极法律关系中的数据保护／［德］库格尔曼 …………… 014
政府数据开放的法治构建／刘　权 …………………………… 024
数字时代通信权的重释／张　夔 ……………………………… 047
个人信息的宪法财产权保护／谢立斌　李　艺 …………… 072
"国家—机构—个人"三方关系中的个人信息
　保护／张　翔　钱　坤 ……………………………………… 101
算法技术应用于公共决策的边界／赵　宏 ………………… 132
ChatGPT模型引入我国数字政府建设：功能、风险及其
　规制／周智博 …………………………………………………… 169

人格权保护与大数据

[德] 赖因哈德·盖尔

一、引言

研究"大数据",首先必须弄清楚这一含义不甚精确的热门词包含的内容。就本文而言,笔者想采纳大致堪称主流的观点,据此,"大数据"意味着大量复杂且迅速变化的数据的采集与处理。

无疑,数字化时代的技术进步使得数据的范围及其使用可能性均发生了根本性变化:因此,(1)可支配或可生成的数据量增加了,2011年起数据量每两年翻一番;(2)新技术让我们能够对越来越大的数据量进行快速评估。

迄今为止,德国联邦宪法法院尚未对大数据作出明确表态。在宪法层面形成可靠的司法判决无疑需要经历漫长的时间,但从迄今为止作出的判决中可以找出颇为实用的线索,因为当下的问题绝非崭新的问题,其实联邦宪法法院35年来一直在关注数据保护问题。

"大数据"现象似乎也不能从重大事件的角度加以理解,其实它只是数十年前发轫并且发展速度越来越快的电子数据处理所达到的现状。随之而来的冲突,特别是与人格权的冲突,我们早已熟悉,只是技术的迅猛进步使冲突日益加剧。由于这种情况尤其危及自由权利,因此司法机关面临的挑战是进一步发展其多年来得到验证的权利保护特别是人格权保护的基本原则。

二、信息自决权

(一) 源起

德国当下数据保护法的起点与基础乃是1983年联邦宪法法院的人口普查案判决。在该判决中,联邦宪法法院将信息自决权发展为一项享受独立保障的权利,数据保护由此获得了宪法意义上的基础。

信息自决权源于一般人格权,而人格权的依据则是《德意志联邦共和国基本法》(以下简称《基本法》)第2条第1款,以及《基本法》第1条第1款规定的确保人的尊严。据此,居于《基本法》秩序中心的应该是"人的价值与尊严",人作为自由社会的一部分采取自由自决。

早在人口普查案判决之前,联邦宪法法院就曾作出过类似判决,裁定人格权的保护也包括个人原则上有权自行决定是否以及在何种范围内公开有关其个人生活的情况。具体来说,该进路乃是人格权的一种特殊形式,即个人的自决权,或者换言之,每个人都享有的"自我展示权"。

法院认识到,技术进步使得自我展示权面临新的危险,因此需要受到特别保护:自动数据处理能够采集个人数据,不加限制地存储数据并且极其迅速地调取数据。通过由此掌握的数据就可以勾勒出个人的人格特征,而利益相关者却无法对其正确性或使用加以充分控制。

由此,个人的自决便面临危险,因为如果一个人无法完全确定自己哪些相关信息被公之于众,那么他自行作出计划或决定的自由便将受到极大的限制。法院举的例子是,个人不确定自己的偏差行为方式是否被时时记录下来，作为信息不断被存储、使用或转交给其他人。

如果存在这样的不确定性，人们就会尝试变得不引人注意，因此会放弃行使某些基本权利——比如集会或结社自由（《基本法》第8条、第9条）。如此一来，受影响的就不仅仅是个人自我发展的机会，公共利益也受到了影响，因为根据联邦宪法法院的司法判决，个人的自决是自由民主社会发挥作用的根本条件。

因此，法院明确判定，如果某种社会秩序无法再让公民知道何人何时在何种情况下获得了有关自己的何种信息，那么该社会秩序便没有保障信息自决权。

后来的一项判决极为简明扼要地提及，保护信息自决旨在避免他人以不利于权利人自由发挥的形式处理数据，对权利人"造成持续的恐吓效果"。

（二）保护范围

基于上述考虑，法院在人口普查案判决中得出如下结论：在现代数据处理条件下，人格的自由发展以保护其个人数据免遭被无限采集、存储、使用和转交他人为前提条件。

因此，依据《基本法》第2条第1款并结合《基本法》第1条第1款的规定，一般人格权也包含了这种保护。因此基本权利确保原则上个人有权自行决定其个人数据的公开与使用的保护范围，包括所有个人或重要数据；根据人口普查案判决的定义，包括某个特定之人或可确定之人的所有个人或重要情况的详细描述。

在后来的一项判决中，法院确认必须对敏感程度不同的数据进行同等保护，因为在电子数据处理的条件下，不可能再有任何无足轻重的个人数据。即使某个信息是公开的，或者甚至——正如机动车标识——是用以确定身份的，也仍然适用该保护，以避免为存储和继续使用而被自动采集信息。

（三）干预的前提条件

对信息自决权进行干预时，联邦宪法法院会考虑现实情况。法院并未给予个人对其数据不受限制的绝对控制权，而是强调每个人都生活在社会共同体中，需要交际。因此，对信息自决权的保障不是毫无限制的，相反，如涉及重大公共利益，必须对该权利进行限制。

因此，适用一般性法律保留原则，当然，由于信息自决面临的特殊危险，我们必须采取其他进一步的审查措施。为确保对信息自决权进行干预的合法性，首先必须有一个法律依据，该依据本身必须符合宪法的要求。在此，联邦宪法法院强调规范明确性这一法治国家的要求，并且要求法律规定必须明确对个人数据保护进行限制的前提条件与范围。

从实体法角度而言，立法者——正如其干预基本权利时始终坚持的——必须遵守比例原则，且同样适用以下原则：即只有当保护公共利益所必需时，才允许对个人基本权利加以限制。此外，鉴于电子数据处理可能造成的特殊危害，法院还向立法者提出了保护委托：立法者必须"较以往更多"地采取组织和程序法上的预防措施，以防止侵犯人格权的危险。

联邦宪法法院提出的标准被实践证明是切实可行的。这样的标准既不会妨碍对当代最严重的刑事犯罪形式进行打击，同时也没有过于草率地放弃个人的自决权。因此，如果为了预防国际恐怖主义的危险，也允许采取秘密的严重干预私生活的监控和侦查措施，因为此时涉及的是防止或追踪会造成社会不稳定的极其严重的刑事犯罪。

三、信息自决权在现代的发展

（一）日益增加的个人关联

尽管联邦宪法法院尚未被要求处理有关"大数据"的案件，但新近判决已经考虑到了当下技术的迅速发展日益可能对自由造成的威胁。

信息技术现有的水准不断开启了数据采集与存储新的可能性，此外，这也使得我们能够将越来越大的数据量联系起来并进行评估。通过这种方式可以获得数量急剧增加的信息，这可能对个人自决权日益造成严重的威胁。如果说人口普查案判决涉及的只是为了统计目的而以匿名形式采集的个人相关数据，那么最近十年以来的案件，涉及更多的是国家为预防危险和打击刑事犯罪而进行的数据采集。在此，信息获取的个人关联性日益具有重要的意义，因为它涉及的是具体个人的有关数据。

因此，联邦宪法法院在有关自动标识采集案件的判决中确定了干预程度的明确判断标准。这一点很重要，因为干预程度越高，审查合比例性时对合宪性提出的要求也就越高。据此，干预程度首先取决于所采集数据的个人关联性。其次，同样重要的是被采集数据者是否存在可归责于其本人的采集数据的理由，或者该数据采集无任何理由，也就是说实际上采集范围可能涉及每一个人。无理由的干预后果更为严重，因为这种干预能够产生一般性的恐吓效果。因此，如果数据采集的范围过大而且令人感到被监督，那么自由便受到了格外严重的威胁。再其次，秘密进行的数据采集也会导致对自由影响的程度增加。最后，获取数据可能造成的或必须引起高度担忧的其他弊端也会影响到干预的强度。

（二）日益增加的数据量（确定性原则与目的约束）

"大数据"同样也面临着一个典型的问题，即海量个人数据长时间被支配,这些数据随时可以被激活并联系起来。这样一来,可以不断生成并更新个性资料,而相关人却对此一无所知,特别是无法修正有关自己的错误信息。

联邦宪法法院也同样对上述特殊风险作出了双重回应:联邦宪法法院首先从法治国家普遍的确定性要求中推导出特殊要求,其次又从宪法的角度作出了目的约束性要求。

为满足确定性要求,法律干预授权必须"针对相关领域",以精确和符合规范明确性的方式确定干预的理由、目的和界限。在任何情况下,最低要求均为须以足够确定的方式规定由哪个国家机关行驶管辖权以及相关信息的采集用于何种任务。视干预程度的不同,对确定性提出的要求还可显著提高。

目的约束性原则对此进行了补充:据此,相关数据仅允许用于与采集数据相同的目的,旨在避免采集的数据可能被用于多个不同的目的或者相互联系起来。法院认为这样做会带来特殊的危险,恰恰应当在涉及个人无法掌控的海量信息时,对其予以保护。这并不排除事后对目的进行修改的可能性,但作为独立进行的干预,这样做需要以压倒性公共利益为理由的法律规定为前提。

目的约束性原则的一个重要适用领域是"信息分离"。据此,原则上不允许警察部门和情报部门相互交换其掌握的数据,仅允许少量例外情况,例如,为有效打击国际恐怖主义必须制定共同的文件。

(三)核心领域的保护

考虑到私生活的核心领域,信息自决权也享受绝对保护。

首先,核心领域思想是伴随着特殊的自由权利发展起来的,特别是对住宅进行监听以及住宅不可侵犯这一基本权利(《基本法》第 13 条)。因此,联邦宪法法院在有关"大规模监听"案件,即对出于刑事侦查目的而对住宅谈话进行监听案件的判决中表示,国家采取的任何观察措施都必须确保任何时候都不得侵犯私生活的核心领域。如果国家干预该领域,便侵犯了任何人都受到绝对保护的隐私自由。因此,核心领域的保护是绝对的,即使压倒性公共利益也不能构成对受保护的私生活核心领域进行干预的理由。

在此期间,联邦宪法法院已经将核心领域保护的范围明确扩大到了国家采取的所有监视措施:只要国家监控通常会采集涉及核心领域的数据,便适用绝对保护,立法机关必须制定能够有效实现上述保护的法规。这样一来,就信息自决权而言,私生活不容侵犯的核心领域也得到了保护。

联邦宪法法院将下述内容列为私生活的核心领域:能够表达自己的内心活动,如最私密的感受、情感、考量、观点与经历——包括通过私密交流的形式——而不必担心国家机关对此进行监督。

为实现对核心领域的保护,联邦宪法法院建议立法者采取两级保护方案。据此,"采集层面"上就开始进行首要保护,因此法律必须规定在信息和侦查技术允许的情况下,不得采集涉及核心领域的信息。

如果无法在采集数据之前或采集数据时即排除涉及核心领域的相关数据,就必须在接下来的评估和使用层面上进行保护:允许采集相关数据,即使这样做有可能同样会采集到私密数据,但在这种情况下,法律必须对涉及核心领域的信息筛选作出规定。为此,应成立一个独立部门,在主管监督部门获悉相关数据并对其进行评估之前,就将相关数据过滤并删除。

(四)保护信息技术系统的保密性与完整性

在大数据方面,还有另外一种重要的一般人格权形式,大约10年前，联邦宪法法院为了跟上技术进步而创立了这种形式：保护信息技术系统的保密性与完整性，该保护作为一项独立的"电脑保护权利"对狭义的数据保护构成了补充。

促成这种新形式的是网上搜索的出现。在这种情况下，国家对电脑或智能手机进行渗透，以获取各种信息，比如有关社交、其他应用程序使用情况以及存储数据的信息。联邦宪法法院认为这方面存在保护漏洞，因为信息自决权无法充分应对国家进行上述干预时对人格权造成的特殊危害。

从以下两个方面考虑，必须加大数据保护力度：第一，当代人必须使用信息技术系统才能实现自我发展，他们将个人数据交给相关系统，或者使用相关系统时被迫提供相关数据。第二，除了生成数据之外，还面临着潜在危害的增加，因为一般的数据采集仅限于对偶然生成数据进行的搜集、存储和处理，而网上搜索却能够获取大量具有说服力的数据，换言之，由此产生了小范围即涉及单个使用者的"大数据"。

对"电脑保护权利"的干预没有被绝对禁止，不过，联邦宪法法院仅允许在极其严格的前提条件下进行干预。法院认为这种干预的程度颇高，因为这种干预很大程度上可以得出有关使用者人格的结论，甚至能够对其进行画像。如果存在预防性目的，例如，旨在阻止犯罪活动，那么只有当特定事实证明在具体个案中存在紧急危险，且该危险涉及极其重大的法益如人的生命健康或维持生存的基本设施时，干预才是合比例的。此外，还必须采取"适当的程序预防措施"，特别是原则上只有独立法官事先下达了相关命令时，才允许接触信息技术系统。

四、总结

联邦宪法法院早在人口普查案判决时就意识到了个人数据

的生成、存储和使用给个人自决权带来的危险。

联邦宪法法院在之后数十年中努力跟随技术的快速发展，以应对由此产生的新危害，特别是通过核心领域保护创设了一个不容侵犯的隐私领域，国家不得获取涉及该领域的任何数据。为保护电脑免遭国家渗透，也设置了障碍。

上述司法行为创造了充分有效的工具以保护个人自决权免遭"大数据"带来的新危害，但同时又没有放弃公众的正当安全利益。

对个人数据的财产保护

[德] 夏洛特·洛特根

《德意志联邦共和国基本法》（以下简称《基本法》）第14条对所有（财产）权自由进行了规范，该条保护公民所有具有财产价值的私法法益，使其免遭国家的非法干预。根据《基本法》第14条第1款规定，所有（财产）权系指普通法所定义的某个特定时间的全部所有（财产）权，它是一种具有规范性质的基本权利。这就意味着，立法者对这一自由权利的内容与界限作出了规定，并可以颁布实施相关法律。

但立法者就财产权的类型与范围作出决定的创设自由并不是无限的。《基本法》第14条第1款中规定的机制性保障确保公民的私人财产权依法受到保护，这样一来，立法者就无法通过立法剥夺公民私人财产权的基本要素。

在德国法律制度中，迄今并没有一部对数据进行普遍有效归类的法律，仅有将专门领域的数据零散归类于某个法律主体的规定，而没有普遍有效的数据财产权概念。

总之，可以确定的是，根据德国的理解，将财产权扩展到数据的前提是国家行为，国家行为可以通过创设新的法律，或者通过法官对现行法律修订。

问题是为什么必须对数据进行具有排他性的财产法意义上的归类。在德国法律管辖范围内，法律几乎对所有具有一定财产价值之物都进行了财产法意义上的归类。排他性财产权包含消极意义上的防御权,权利所有者由此获得将他人排除在该权利之外的权利。同时,该权利还包含积极的使用权利,可以穷尽权利的经济价值。

众所周知,数据也可以具有可观的财产价值。数据早已成为助推经济的引擎,很多企业完全建立在生成、分析数据以及将所获知识运用到市场营销的基础之上。在此,被分析的数据数量越大,从中获得的分析结果就越具有说服力,也越具有价值。因此,所有参加经济循环的企业都希望将其他人排除在其数据的使用之外,以便自己使用相关数据。

然而,确定谁是财产权意义上的排他权利的所有者却并非易事。就数据处理和数据销售而言,会出现多种利益的冲突。为了直观地说明这一点,我们不妨借助互联汽车想象一下相关的利益格局。在此,传感器生产商能够获取汽车数据;汽车制造商、服务器提供商,数据就存储在他们的服务器上;此外还有驾车人,有时候驾车人和车主并不是同一个人。基于不同的原因,上述每个人和参与的每家企业都对数据感兴趣。

迄今为止,数据的归类主要由《德意志联邦共和国合同法》(以下简称《合同法》)进行调节,《合同法》可以进行详尽的权利分配,但一方面合同各方之间权利不平等可能会产生问题,另一方面合同无效也同样可能造成问题。如果能够达成排他性数据处分权,便有望破解存在的法律不确定性。

然而,在制定关于数据排他处分权的新法之前,应当首先研究一下从现有法律中是否可以通过法律再造的形式找到奠定此类处分权的参考点。法学界对如何从现行法律中推导出此类排他性权利有着不同的考量。

第一种进路是采取通过媒介载体财产权对数据进行归类的

方法。这也就是说，数据财产权利人只能是存储数据的设备的财产权利人。通过这种方式，就可以解决数据的非实体性和非公开性问题，从而使用适用于实物所有（财产）权的规范。这样做的优点是能够进行数据的明确归类，从而在很大程度上确认财产权利人的财产权。但它有一个很大的弊端，即只要情况与上述情形略有偏差，该进路便束手无策。我们不妨将该进路运用于云服务供应商的例子中，云服务供应商为使用者提供用于存储其数据的空间，但他们自己并无权看到相关数据，在这种情况下，将数据划归云服务供应商的方法便无法提供符合相关利益的解决方案，因为数据完全来自使用者所在的域，云供应商只是提供了存储空间。由于物联网中的情况一般都比较复杂，因此通过媒介载体财产权对数据进行归类并非可靠且普遍有效的解决方案。

成立数据排他处分权的另外一种进路是根据事实行为。据此，处分权归自己直接生成数据者所有。使用智能手机、数码相机或穿戴式设备并生成数据者即相关数据的作者，排他处分权归他们所有。这种进路可以独立于存储媒介而对数据进行归类。

在简单的情况下，将处分权与事实行为挂钩的做法可以带来符合利益的结果。例如，某终端设备的财产权利人出于个人目的而使用该终端设备，并将由此生成的数据存储在自己的存储介质中。即使数据存储于他人的存储介质，认定处分权属于作者亦不会有任何问题。在此，还是要举云服务供应商的例子，供应商同意使用者将其数据存储在自己的服务器上。

但在互联计算机结构出现的情况下，归类就变得困难起来。在这种情况下，存储介质通常位于不同的地点，归不同企业所有，而数据的存储经常也是分布于多个服务器。

该进路的极大弊端是数据缺乏《德意志联邦共和国物权法》（以下简称《物权法》）所要求的公示，而公示则是必须遵守的《物权法》的一个原则。该原则规定，为便于对外法律交往，必须明确谁享有物或者数据的财产权。由于该进路恰恰不与数据在存储介质上的实际存在挂钩，所以它未能满足这一要求。

今天笔者想向各位介绍的最后一个进路是通过数据保护法对数据进行财产法意义上的排他性归类。据此，数据处分权从其个人关联性中推导出来，数据与个人的关联性可以开启欧洲数据保护法的适用领域。个人数据系指涉及某个已确定或者可以确定身份之人的信息。如果涉及个人数据，那么数据涉及的那个人便应拥有对相关数据的权利。

乍看上去，这种解决方案符合相关利益，因为信息涉及的人也同样享有对相关数据的支配。但仔细观察，便会发现其弊端：对财产权的归类来说，数据个人关联性的定义过于宽泛，从而无法就法律交易而言进行清晰的归类。此外，批评者认为该进路会导致个人数据的经济化。数据保护法及信息自决权是宪法规定的一般人格权的表现，法律保护的并非经济利益，而是人之尊严。此外，亦应对下述事实进行批评性评价，即该进路依据的是数据的内容，也就是说与信息挂钩。这里存在信息垄断的风险，信息反映的是现实，而对现实的反映不应排他性地仅归属于当事人。

以上介绍的不同进路为设立排他性数据处分权提供了各种可能性。但每个进路也都有不足之处，法律系统性或法律教条原则均无法克服这些不足，也正因为如此，数据财产权问题迄今仍未得到澄清。德国法律是否能够规定数据财产权或者其他排他性的数据处分权，尚需拭目以待。在相关法律出台之前，必须继续适用《合同法》。

多极法律关系中的数据保护

[德] 库格尔曼

一、引 言

21 世纪的数字世界发展迅速且极具活力,其推动力是信息技术、社交媒体以及生产要素,也包括人的流动性。电子邮件以及更多的短信服务让人们沟通顺畅,买卖行为通过因特网进行,服务商将产品直接送到家门口。但上述过程得以进行的前提条件是对个人数据进行处理,如客户的姓名和地址,或者是支付过程所需的银行数据。

上述发展带来的结果是个人数据的法律保护日益重要。数据保护的核心是实现属于个人基本权利的自由,但信息技术和国际框架条件造成的复杂性令该目标的实现对各行为方提出了挑战。

二、国际化和数据保护法意义上的责任

作为全球化和数字化带来的结果,从潜在意义上来说,数据保护也必须从国际层面上加以保障。原则上,数据的流动不以国界为限,数据的技术传输通过线路和服务器瞬间完成,从技术的角度而言,地理因素或距离只是发挥次要的作用。此外,

数据的传递还是国际经济关系的重要支柱,许多企业在多个国家有业务,因为他们在这些国家有生产和销售基地,或者通过因特网提供其服务。因此,数据的传递对汽车制造商这样的生产性企业和社交媒体运营商这种提供信息社会服务的企业同样重要。

实践证明,数据处理的国际规则对确保所有参与方的法的安定性和有效确保数据保护都极为重要。[1]为此,人们付出了诸多努力。在联合国层面上,2015年7月,约瑟夫·坎纳提奇教授被任命为隐私权问题特别报告员。[2]联合国的一般公约规定必须以有约束力的方式保障人权,但尚没有数据保护的专门规定。

2018年5月25日生效的欧盟法为信息社会的数据保护提供了最全面的法律机制。2016/679《通用数据保护条例》(DS-GVO)创设了技术开放性的规范,原则上可以适用于欧盟内所有对个人数据的处理。[3]

位于数据保护中心的是其个人数据应受到保护的公民。旨在实现数据保护的法律规范的相对人是责任人,相对人之所以是责任人,原因是他就数据处理的目的和手段作出了决定。[4]相对人可能是为颁布通知而对公民个人数据进行处理的机关,

---

[1] V. Arnauld, Freiheit und Regulierung in der Cyberwelt: Transnationaler Schutz der Privatsphäre aus Sicht des Völkerrechts, in: Berichte der Deutschen Gesellschaft für Internationales Recht, Band 347, 2016, S. 1; Schiedermair, Der Schutz des Privaten als internationales Grundrecht, 2012.

[2] Vgl. Resolution 28/16 des Menschenrechtsrates, A/HRC728/L. 27.

[3] Verordnung (EU) 2016/679 des Europäischen Parlaments und des Rates vom 27. April 2016 zum Schutz natürlicher Personen bei der Verarbeitung personenbezogener Daten, zum freien Datenverkehr und zur Aufhebung der Richtlinie 95/46/EG (Datenschutz-Grundverordnung), ABl. 2016 L 119/1

[4] So die Definition in Art. 4 Nr. 7 Datenschutz-Grundverordnung.

可能是某个通过因特网发送广告或者管理本公司员工的公司，也可能是处理账户数据的银行，还可能是在公交车上和火车上安装监视器的公司。据此，责任人范围非常宽泛，公私部门都可能是责任人。

根据《通用数据保护条例》第3条第2款有关市场所在地原则的规定，同样适用于位于第三国的企业。[1]所有在欧盟市场提供商品或服务的企业均须服从《通用数据保护条例》的规定。在某个和某几个欧盟成员国有业务的中国经济企业必须同样遵守《通用数据保护条例》的规定。

导致对个人数据被处理的相关人应承担义务。相关人系指数据保护基本权利的所有人，因此，责任人的义务旨在加强基本权利保护的有效性。这主要涉及信息义务（《通用数据保护条例》第12条~第14条），但也涉及旨在加强责任人自我规制的一系列义务。此外，责任人还必须让相关人能够行使自己的权利，对被处理数据的知情权（《通用数据保护条例》第15条）、删除权或更正权（《通用数据保护条例》第16条和第17条）能够让相关人针对责任人主张并贯彻自己的权利和利益。

有效贯彻基本权利保护也是独立的数据保护监督机构的任务。监督机构对《通用数据保护条例》的适用进行监督的目的是在数据处理时保护自然人的基本权利和基本自由，并且将其与数据自由流通平衡起来（《通用数据保护条例》第51条）。各成员国的数据保护监督机构共同组成欧盟的执法网络。由于德意志联邦共和国实行联邦制，因此德国在联邦层面和16个联邦州的每个州都有一个数据保护监督机构。监督机构的独立性使其不受任何外来直接或间接的影响，也就是说它尤其不接受任

---

[1] S. Erwägungsgrund 23 der Datenschutz-Grundverordnung.

何指令。[1]独立的数据保护监督机构的成立及其强大的权限也表明了通过组织和程序对基本权利进行的保护。[2]

三、可适用的基本权利

《通用数据保护条例》旨在保护基本权利以及开启数据的自由流通（《通用数据保护条例》第1条）。由于数据保护是直接的基本权利保护，因此《通用数据保护条例》的所有规定都旨在有效实现基本权利。在欧盟层面上，适用《欧洲联盟基本权利宪章》（以下简称《基本权利宪章》），第7条确保隐私权，第8条则确保数据保护权。可以说，《通用数据保护条例》的规定对上述基本权利在法律上进行了细化和设计。

《基本权利宪章》的文本制定于2000年[3]，自2009年起宪章规定了可适用且具有司法性的权利。[4]由此，《基本权利宪章》便成为新近产生的基本权利文件，自然也包含了一系列基本权利的现代与当代保护机制，其中就包括数据保护。在这个意义上，《基本权利宪章》第7条和第8条较《德意志联邦共和国基本法》（以下简称《基本法》）条文进行了更为详尽的区分，并且也更具说服力。当然，《基本权利宪章》的大多数内容与联邦宪法法院和德国其他法院从《基本法》第1条第2款并

---

〔1〕 EuGH v. 9. 3. 2010 - C - 518/07，ECLI：EU：C：2010：125，Kommission/Deutschland，Rn. 25.

〔2〕 Kugelmann, in: Schwartmann/Jaspers/Thüsing/Kugelmann（Hrsg.），DS - GVO/BDSG, 1. Auflage 2018, Art. 52 Rn. 14; Rudolf, Recht auf informationelle Selbstbestimmung, in: Merten/Papier (Hrsg.), Handbuch der Grundrechte, Band Ⅳ, 2011, § 90 Rn. 57.

〔3〕 Amtsblatt EU 2000 C 364/1.

〔4〕 Kugelmann, in: Niedobitek (Hrsg.), Europarecht - Grundlagen der Union, 1. Auflage 2014, § 4 Rn. 3.

结合《基本法》第1条第1款推导出来的内容是一致的。

恰恰在数据保护领域,欧洲法院近年来形成了格外鲜明的特色。[1]鉴于数据保护法的欧洲化,欧洲法院目前发挥着核心的作用,因为它对《通用数据保护条例》作出最终性解释,并由此决定性地确定了《基本权利宪章》第7条和第8条对个人的保护内容。[2]相比之下,联邦宪法法院则聚焦于德国国内在数据保护方面是否以及在多大程度上还拥有管辖权,即在德国国内实现基本权利的保护并归属其管辖。[3]这带来了此处无法展开详述的重大问题。[4]

四、基本权利对信息自决的影响

1. 相对人与目标

《基本法》第2条第1款并结合《基本法》第1条第1款规定的信息自决权的本质是,数据保护这一基本权利主要是作为个人针对国家措施的防御权而产生的。[5]联邦宪法法院在其1983年针对人口普查案的判决中规定了这一基本权利。[6]当时,人们担心国家采取的控制和监督措施有可能过度干预公民

---

[1] EuGH, v. 13.5.2014-C-131/12, ECLI: EU: C: 2014: 317, Google Spain; EuGH, v. 6.10.2015-C-362/14, ECLI: EU: C: 2015: 650, Schrems / Digital Rights Ireland; 2016.12.21. EuGH, v. 21.12.2016-C 203/15ECLI: EU: C: 2016: 970, C-203/15-Tele2 Sverige AB / Post- och telestyrelsen, und C-698/15-Secretary of State for the Home Department / Tom Watson (Vorratsdatenspeicherung).

[2] Überblick bei Skouris, Leitlinien der Rechtsprechung des EuGH zum Datenschutz, NVwZ 2016, 1359.

[3] Vgl. BVerfGE 133, 277-Antiterrordateigesetz.

[4] Kühling/Sackmann, Jura 2018, 364; vgl. allgemein Kugelmann, in: Niedobitek (Hrsg.), Europarecht-Grundlagen der Union, 2014, § 4 Rn. 58 ff.

[5] Rudolf, Recht auf informationelle Selbstbestimmung, in: Merten/Papier (Hrsg.), Handbuch der Grundrechte, Band Ⅳ, 2011, § 90 Rn. 23.

[6] BVerfGE 65, 1-Volkszählung.

的权利。联邦宪法法院创设了信息自决权,将其视为一般人格权的发挥,其结果是颁布了大量法律,因此自那时起,根据德意志联邦共和国的法律规定,对公民个人数据的采集、存储或其他形式的处理都构成对基本权利的干预,因此需要有法律依据,《德意志联邦共和国警察法》(以下简称《警察法》)清楚地表明了这一点,该法包含了大量通过诸如监听、监视等措施对公民权利进行干预的特殊规定。[1]

然而,在数字化时代中,对个人隐私权及其在信息社会中所处的地位、扮演的角色等法律地位构成威胁的不只是国家,也包括私人。银行、保险公司以及社交媒体运营商有时候对高度敏感的数据进行处理,而且其处理的是海量数据。所谓大数据模型的目的是将来源各不相同的数据根据特定标准加以汇总,以便作出对未来的预测,如某个特定的人的购买习惯,或者对某一特定设施的使用情况[2],通过不断更新和细化的方法,就可以对无穷多数量的不同结构的数据进行分析和处理。进行分析的不只是国家机构,(做广告的)经济界同样会为了经营目的进行分析。

2. 私人之间的基本权利效力

原则上,私人不受《基本法》规定的基本权利的约束,因为根据《基本法》第1条第3款,受基本权利约束的是立法、行政和司法机关。公民个人可以自由行动,但必须遵守立法机关制定的现行法律。这一点同样适用于自然人和法人,根据德意志联邦共和国的法律,私人之间的关系是平等的,遇有争议

---

[1] Götz, Polizei- und Ordnungsrecht, 14. Auflage 2008, § 3 Rn. 4, § 17 Rn. 62.

[2] Mayer-Schönberger/Cukier, Big Data, 2013, passim; Martini, in: Hill/Martini/Wagner (Hrsg.), Die digitale Lebenswelt gestalten, 2015, S. 97; s. auch zu den unterschiedlichen Rechtsgebieten Hoeren (Hrsg.), Big Data und Recht, 2014.

对簿公堂时，他们的身份也是平等的。

据此，由于《基本法》规定的基本权利原则上不在私人之间产生效力，就提出了一个问题，即如何应对私人对基本权利造成的危害。例如，如果某个企业错误地未将个人数据删除，或者将其传送给了错误的接收方，无疑就对相关人受到基本权利保护的领域产生了相当大的影响。由于信息自决权确保个人对其数据自行作出决定的权利，所以上述情况便构成了对个人受到基本权利保护的法益的不利影响。因此，国家有责任对法律秩序加以设计，使其能够避免或消除对构成基本权利的法益的侵犯。这一责任使国家必须承担确保基本权利的保护义务。[1]国家的保护义务被理解为《基本法》规定的基本权利的独立维度。在防御权的意义上，要保护的是公民基本权利不受国家采取的措施的侵犯，而在保护义务的意义上，国家必须采取积极行动保护基本权利。

在一般抽象的层面上，该保护通过创设相关法律而得以实现。立法者受基本权利的约束（《基本法》第1条第3款），但在这方面拥有相当大的架构余地。[2]通常情况下，个人无法针对某个特定的法律措施提起个人权利诉求，但保护义务则会要求国家采取措施，制定某些可从宪法角度加以论证的最低标准。

在具体个人的层面上，国家法院提供保护，在就私人之间的争议作出判决时，法院本身也受基本权利的约束。[3]在此情

---

〔1〕 BVerfGE 39, 1-Schwangerschaftsabbruch; 46, 160-Schleyer; 49, 89-Kalkar; 53, 30-Mülheim-Kärlich; 56, 54-Fluglärm; 88, 203-Schwangerschaftsabbruch Ⅱ.

〔2〕 BVerfGE 42, 143 (148); 96, 375 (398).

〔3〕 Vgl. BVerfGE 54, 148 (153 f.) -Eppler; Enders, Schutz der Persönlichkeit und der Privatsphäre, in: Merten/Papier (Hrsg.), Handbuch der Grundrechte, Band Ⅳ, 2011, § 89 Rn. 13 ff. m. w. N.

形下,基本权利具有间接的第三方效力。[1]基本权利对私人并不适用,但法院在解决私人之间的争议时应对此予以考虑,例如,在劳动法方面基本权利会发挥一定的作用。

同样受基本权利约束的行政机关在作出决定和采取措施时也应注意这一点。恰恰在实施具有较大斟酌空间的一般性规定时,应考虑基本权利的引导性。因此,德意志联邦共和国的法律秩序被打上了基本权利的深刻烙印,联邦宪法法院作了总结,认为基本权利构成一个价值体系,并由此奠定了一个贯穿普通法的客观价值秩序。[2]

3. 国家对数据保护发挥的保护功能

国家的保护功能也表现在实现自由交往、保护人格权和保护信息自决权等方面。[3]例如,在因为媒体曝光自己的私人照片而诉诸民事法院的案件中,一般人格权的保护就发挥着作用。[4]

原则上,立法者有义务在因为私人处理数据而对相关人造成侵犯时对一般人格权进行保护。[5]联邦宪法法院在亲子鉴定方面明确了这一点。[6]有位男子怀疑自己是否为一个孩子的生父,他自己之前承认是孩子生父,后来又偷偷做了亲子鉴定,

---

〔1〕 Dazu Papier, Drittwirkung der Grundrechte, in: Merten/Papier (Hrsg.), Handbuch der Grundrechte, Band Ⅱ, 2006, § 55.

〔2〕 BVerfGE 7, 198 (212) -Lüth.

〔3〕 DiFabio, in: Maunz/Dürig, GG, Stand: 2018, Art. 2 Rn. 138 f.; zu Art. 8 GR-Ch Jarass, Charta der Grundrechte der EU, 3. Auflage 2016, Art. 8 Rn. 2 f.

〔4〕 BVerfGE 101, 361-Caroline von Monaco; Schemmer, in: Epping/Hillgruber (Hrsg.), Beck-OK, Stand: 2018, Art. 5 GG Rn. 123.

〔5〕 Murswiek/Rixen, in: Sachs (Hrsg.), Grundgesetz, 8. Auflage 2018, Art. 2 Rn. 122; Enders, in: Merten/Papier (Hrsg.), Handbuch der Grundrechte, Band Ⅳ, 2011, § 89 Rn. 67 ff.

〔6〕 BVerfGE 117, 202 (229).

为此，他用了孩子吃过的一块儿口香糖。这构成了对孩子信息自决权的干预（《基本法》第2条第1款并结合《基本法》第1条第1款），因为这样做并未征得孩子的同意。联邦宪法法院认为，尽管父亲有正当的理由要求澄清出身问题，但应当由立法机关提供适当的程序。立法机关认为孩子的信息自决权也可以让位于父亲要求澄清孩子出身的权利。

在大审判庭作出的一项判决中，联邦宪法法院坚持认为国家在私人保险法领域也必须对信息自决权加以保护。[1]案件涉及医生缄默义务的解除，一位女性被保险人不愿意作出这样的声明，保险公司遂不愿理赔。联邦宪法法院强调，这位女性被保险人享有信息自决权，她也可以通过拒绝对解除缄默义务的一般性声明来捍卫自己的这项权利。保险公司希望能够审查出险状况的利益也应予以平衡考量，国家法院应进行深入核查。

鉴于数据保护法的欧洲化，德国国内的立法者无法单独确保提供恰当的保护，但欧盟立法机关通过颁布《通用数据保护条例》和其他法律文件，已经全面确保了基本权利的保护。有时候人们还对过度规制怨声载道，特别是难以满足具体要求的责任人就更是如此。基本权利的保护维度已经被考虑在内，因为根据《通用数据保护条例》第1条第2款的规定，该条例的主要目标就是保护自然人的基本权利和基本自由。个人可主张自己的权利，而数据保护监督机构会帮助个人实现自己的权利。[2]

5. 总结与展望

一直以来，自由交往都是《基本法》规定的一个民主的具

---

[1] BVerfG Kammer, 1 BvR 2027/02, DVBl. 2007, 111 = MMR 2007, 93.

[2] Kugelmann, in: Schwartmann/Jaspers/Thüsing/Kugelmann（Hrsg.）, DS-GVO/BDSG, 1. Auflage 2018, Art. 51 Rn. 23 ff.

多极法律关系中的数据保护

有决定性的核心特征，联邦宪法法院一直在强调这一点。[1]现代信息社会的发展导致数据保护这一基本权利发挥着关键性的作用，因为交往需要技术上的支持，需要通过信息技术才能传递，人们需要个人数据也传输个人数据。内容的交换，如发送电子邮件，需要提供使用者的相关数据，如 IP 地址，需要处理元数据。

信息自决这一基本权利强烈渗透到了专门的制定法中，数据保护法与作为其基础的基本权利完全交融在一起。法律规定和《通用数据保护条例》的规定不但已经考虑到了基本保护的保护维度，而且相关规定已经成为基本权利保护维度的象征，因为复杂的信息社会中的数据保护着眼于并且依赖于各种利益之间的平衡，首先必须由立法者提供此种平衡。之后，有效实现基本权利的措施必须由主管部门依法采取，而主管部门拥有极大的空间，相比许多其他法律领域，上述空间更以基本权利的实现为取向。数据保护监督部门的独立性是从基本权利实现这一任务中推导出来的，因而也是顺理成章的。法律的适用最终需接受独立法院的监督。

在数字化世界里，数据保护的实现是一项需要合作才能共同完成的任务。国家和私人行为方需相互协作，其出发点是保障个人的自由。企业必须遵守数据保护法，才能确保服务使用者在信息方面的法律地位。必须给予使用者通过有效权利保障自己地位的权限，上述权利的实现不仅依赖于可以要求法院保障其权利的使用者。鉴于该领域的复杂性，国家必须采取措施保护个人的信息自决权，包括成立数据保护监督机构，特别是制定和完善明确的现代法律。国家必须让个人有能力在信息社会中立足。

----

〔1〕 Seit BVerfGE 7, 198-Lüth.

政府数据开放的法治构建

刘 权*

　　数据作为数字经济时代的关键生产要素，对人类的经济社会生活产生日益广泛的深刻影响。不仅个人数据和企业数据受到了广泛关注，政府数据也日益受到重视，社会各界要求政府全面开放公共数据的呼声不断提高。在全球数字经济蓬勃发展的当代，大力开放政府数据资源，释放"政府数据红利"，使线上经济同线下经济深度融合，已经成为世界上很多国家数据治理改革的新动向。如美国的《开放政府数据法》已于2019年生效实施。我国政府也非常重视数据开放，近几年陆续颁发多个政策文件，要求有序推进政府数据开放。[1]

　　然而，我国至今没有一部专门规定政府数据开放的全国性法律规定。2016年，李克强总理曾经指出，目前我国80%以上信息数据资源掌握在各级政府部门手里，"深藏闺中"是极大浪费。[2] 2020年《中共中央 国务院关于构建更加完善的要素市

---

* 刘权，中央财经大学法学院教授、博士生导师。本文完成于2021年。

〔1〕例如《关于运用大数据加强对市场主体服务和监管的若干意见》《促进大数据发展行动纲要》《关于全面推进政务公开工作的意见》《国家信息化发展战略纲要》《公共信息资源开放试点工作方案》等。

〔2〕参见张东锋：《开放大数据提升政府治理能力》，载《南方日报》2016年5月17日，第2版。

场化配置体制机制的意见》，首次将数据同土地、劳动力、资本、技术等传统要素并列作为新生产要素，并明确要求"推进政府数据开放共享"。《优化营商环境条例》第5条规定，依法促进各类生产要素自由流动。《中华人民共和国数据安全法（草案）》〔以下简称《数据安全法（草案）》〕第39条要求推动政务数据开放利用。[1]在法治轨道下推进政府数据开放，既能有力加快政府数据开放进程，保障数据开放制度良好有序运行，又能有效防止政府滥用数据权力，消除"信息孤岛""数据烟囱"，促进数据要素高效安全流通。

我国地方首部关于政府数据开放的专门立法《上海市公共数据开放暂行办法》于2019年颁布，开启我国政府数据开放地方立法的新时代。可以预见，在数字经济时代，政府数据开放未来会在我国得到全面推进。国务院发布的《促进大数据发展行动纲要》已经明确提出"加快法规制度建设"，要求"积极研究数据开放"，实现对数据资源开放的"规范管理"。然而，我国政府数据开放面临严峻的考验，相关法律规范比较匮乏，地方开放实践差别较大。本文拟对我国政府数据开放统一立法的必要性、可行性、立法模式、立法理念、立法结构、立法核心内容等进行系统性研究，以期为我国未来政府数据开放的法治化提供一定的智识参考。

一、政府数据开放统一立法的必要性与可行性

政府数据，是指政府在履行职责过程中制作或获取的数据，也称为政务数据、公共数据或公共信息资源。政府数据开放自

---

〔1〕 2020年7月3日，《中华人民共和国数据安全法（草案）》在中国人大网（www.npc.gov.cn）公布，面向社会公众征求意见。

身的价值不言而喻，可以增加数据要素市场的数据资源供给，盘活数据资源，提高政府治理能力与服务水平。只有通过流动以满足市场对于数据的需求才能真正推动数字经济稳定、迅猛和长远地发展。[1]目前，我国很多地方政府纷纷制定数据开放的规定，有力地推动了政府数据开放进程。那么，我国是否有必要对政府数据开放进行中央立法呢？答案是肯定的。

（一）政府数据开放统一立法的必要性

首先，政府数据开放统一立法，是加快政府数据开放进程的需要。政府数据"信息孤岛""数据烟囱"长期存在，不同政府部门控制的数据并没有实现充分的开放共享，不仅严重制约着公共服务的质量与效率，而且还严重阻碍了数字经济的良性快速发展。目前我国主要由政策文件来规定政府数据开放，实施效果还很有效，缺乏法律的强制力保障。在实践中，政府数据到底要开放哪些种类、如何开放，可能主要取决于地方政府领导的态度与眼光。很多地方政府对数据开放还处于关注层面，既无明确的政策，也没有实质的行动。[2]虽然一些地方已经制定了政府数据开放的相关规定，但还有很多地方并没有制定相应的数据开放法律规定。在国家层面对政府数据开放进行专门立法，有利于全国统一依法行动，加快政府数据开放的法治进程。

其次，政府数据开放统一立法，是保障数据开放规范性的需要。由于缺乏统一的法律规定，目前我国一些已经推行政府数据开放的地方，在数据开放的种类与范围、开放原则与标准、开放程序、开放责任等事项，还存在很多差异。面对以复杂、

---

[1] 参见张敏：《大数据交易的双重监管》，载《法学杂志》2019年第2期。
[2] 参见周文泓：《我国省级政府开放数据的进展、问题与对策》，载《图书情报知识》2017年第1期。

多元和碎片化为特征的政府数据开放领域，我们需要一种以"开放与分享"为特征的整体法律框架。[1]通过制定政府数据开放的专门法律，对数据采集、加工、开放、利用和管理等环节作出明确规定，可以引导各级政府做实开放数据内容。[2]在国家层面进行顶层设计，对基本事项作出明确规定，有利于政府数据开放的规范化。

最后，政府数据开放统一立法，是减少数据开放地方分散立法弊端的需要。目前，我国很多地方开始逐渐重视政府数据开放，专门的地方立法会越来越多。令人担忧的是，未来各地在相继进行政府数据开放立法时，难免会出现目前地方立法比较常见的立法重复等现象，从而不仅导致立法资源重复浪费，还可能损害国家法制的统一性。因此，在中央层面制定统一的数据开放立法，有助于消除地方分散立法的弊端。当然，对政府数据开放进行中央立法，并不是要剥夺地方政府的立法权限。中央立法对数据开放的重要事项作出基本规定后，各地方可以结合当地经济社会发展的实际情况，进一步制定细化、补充中央立法的地方规定。

因此，对政府数据开放进行统一立法，有利于加快政府数据开放的进程，保障政府数据开放的规范性，减少政府数据开放地方分散立法的弊端，具有迫切的必要性。近几年，不仅是法学界开始呼吁制定专门的政府数据开放法，管理学等学界的学者也有很多呼声。例如，中国行政管理学会课题组认为，尽快研究制定并出台"政府数据开放条例"，保障公民的知情权、

---

[1] 参见何渊：《政府数据开放的整体法律框架》，载《行政法学研究》2017年第6期。

[2] 参见鲍静、张勇进、董占广：《我国政府数据开放管理若干基本问题研究》，载《行政论坛》2017年第1期。

监督权、参与权和增值利用权。[1]我国政府应尽快在国家层面制定相关法规或政策,明确政府数据开放的要求。[2]

(二) 政府数据开放统一立法的可行性

既然政府数据开放立法具有诸多价值,及时立法具有必要性,那么立法可行性如何呢？我国政府数据开放中央立法条件已基本具备,立法时机已基本成熟,立法具有可行性。

首先,政府数据开放地方探索为中央立法提供了实践经验。尽管相关法律不健全,但我国地方政府较早就有数据开放的实践探索。例如,北京市政务数据资源网(data.beijing.gov.cn)于2012年开始运行,提供北京市政务部门可开放的数据下载与服务。上海市公共数据开放平台(data.sh.gov.cn)于2014年开放,向社会提供数据的浏览、查询、下载等服务。2015年国务院发布的《关于运用大数据加强对市场主体服务和监管的若干意见》明确提出,提高政府数据开放意识,有序开放政府数据,方便全社会开发利用。

目前,我国很多地方都相继建立了专门的政府数据开放平台,正推进政府数据开放。总的来说,越来越多的地方政府意识到开放数据的必要性,积极遵循国家的开放数据框架,并形成了各有特色的行动,现已颇具规模。[3]实践出真知,通过选取一些地方政府数据开放的探索实践样本,进行深入的实证调研,分析数据开放的不足及缺陷,可以为我国政府数据开放的中央立法提供大量经验素材,使得立法内容更加科学合理,立

---

[1] 参见中国行政管理学会课题组等:《我国政府数据开放顶层设计研究》,载《中国行政管理》2016年第11期。

[2] 参见陆健英、郑磊、[美]Sharon S. Dawes:《美国的政府数据开放:历史、进展与启示》,载《电子政务》2013年第6期。

[3] 参见周文泓、夏俊英、谢玉雪:《我国地方政府开放数据的进展、问题与对策》,载《图书馆论坛》2018年第7期。

法实施效果更好。

其次，政府数据开放地方立法为中央立法提供了立法经验。目前，上海市制定了《上海市公共数据开放暂行办法》，贵州省贵阳市制定了《贵阳市政府数据共享开放条例》《贵阳市政府数据共享开放实施办法》《贵阳市政府数据共享开放考核暂行办法》，安徽省合肥市制定了《合肥市政务数据资源共享开放管理暂行办法》，宁夏回族自治区银川市制定了《银川市城市数据共享开放管理办法》，重庆市制定了《重庆市政务信息资源共享开放管理办法》，福建省福州市制定了《福州市健康医疗大数据开放开发实施细则》，等等。一些地方政府数据开放先行立法的实践，为中央立法提供了大量宝贵的立法经验。通过直接对比分析目前现有的地方立法文本，吸收可以在全国推行的数据开放先进条文设计，摒弃实施效果差的条文内容，不仅可以节省中央立法的人力财力成本，还可以减少中央立法的制定难度与实施难度，从而可以相对容易地制定出一部良法。

因此，通过分析总结我国目前地方政府数据开放的实践探索与立法文本，再充分吸收理论界的学术研究成果，在中央层面制定统一的政府数据开放立法，立法成本较小，实施阻力较小，具有充分的可行性。

二、政府数据开放的立法模式选择

既然在中央层面制定统一的政府数据开放立法，具有必要性和可行性，那么我国应当选择何种立法模式呢？具体而言，究竟是由全国人大制定法律，还是由国务院制定行政法规，抑或是修改完善现有法律规定呢？

（一）政府数据开放立法模式的争论

我国政府数据开放立法究竟应采用何种立法模式，学者们并没有达成一致，存在不同的观点，可以总结概括为三种立法模式。

第一种立法模式认为应先修改《中华人民共和国政府信息公开条例》（以下简称《政府信息公开条例》），再制定政府数据开放专门法。例如，周汉华认为，应该通过修改《政府信息公开条例》，尝试推进诸如决策会议公开、政府数据开放、电子参与、执法过程公开、政府绩效公开、专家咨询论证意见与过程公开等，打造我国"3.0版政务公开制度"。[1]肖卫兵认为，政府数据开放立法同政府信息公开立法不存在本质差异，政府数据开放例外同政府信息公开例外一脉相承，先行修改《政府信息公开条例》可以解决目前政府数据开放于法无据的问题，而且还可以解决政府数据开放立法需要突破但信息公开制度一直没能有效解决的信息再利用问题。但该学者紧接着又认为，对信息公开制度的修补模式不能为政府数据开放提供全方位保护。长远来看，我国应转向政府数据开放的专门立法模式。[2]另有学者何渊也认为，《政府信息公开条例》的修正再也不能满足实践需要的时候，"政府数据开放法"专门立法就应当正式启动。[3]

第二种立法模式认为应先由国务院颁布行政法规"政府数据开放条例"，然后再由全国人大制定"政府数据开放法"。中国行政管理学会课题组认为，先尽快制定"政府数据开放条例"，然后吸收地方政府数据开放的经验，制定"政府数据开放

---

[1] 参见周汉华：《打造升级版政务公开制度——论〈政府信息公开条例〉修改的基本定位》，载《行政法学研究》2016年第3期。

[2] 参见肖卫兵：《论我国政府数据开放的立法模式》，载《当代法学》2017年第3期。

[3] 参见何渊：《政府数据开放的整体法律框架》，载《行政法学研究》2017年第6期。

条例"实施细则。[1]持类似观点的法学学者宋华琳认为，我国政府数据开放现状可谓是"实践先行，立法滞后，文件治理，政策推动"，目前政府数据开放尚无统一完备立法，建议可先由国务院颁布"政府数据开放条例"，在未来时机成熟时，建议由全国人大常委会制定"政府数据开放法"。[2]

第三种立法模式认为应直接制定"政府数据开放法"。例如，于世梁认为，可以专门制定一部"政府数据开放法"。明确政府数据开放的范围、数据开放的边界、数据开放的深度、数据开放的标准、数据开放的质量、免除开放的例外等。[3]王万华认为，只有加快制定"开放政府数据法"，重视内部体制机制完善，无疑才是回应大数据时代政府治理模式变革的法治保障。[4]

以上三种立法模式的共同点在于都认为我国政府数据开放法制不够完善，应当及时制定统一的政府数据开放法律规范，但是对于制定何种形式、何种位阶的法律规范并没有达成一致。那么，域外政府数据开放立法是何种立法模式呢？

(二) 域外政府数据开放立法模式

近些年来，数字科技快速发展，政府数据开放运动在全球兴起。2009年，美国总统奥巴马颁布了《透明与开放政府备忘录》《开放政府指令》等多部规定，率先推动政府数据开放。美

---

[1] 参见中国行政管理学会课题组等：《我国政府数据开放顶层设计研究》，载《中国行政管理》2016年第11期。
[2] 参见宋华琳：《中国政府数据开放法制的发展与建构》，载《行政法学研究》2018年第2期。
[3] 参见于世梁：《政府数据开放的实践、现状及对策》，载《湖北经济学院学报（人文社会科学版）》2016年第11期。
[4] 参见王万华：《论政府数据开放与政府信息公开的关系》，载《财经法学》2020年第1期。

国至今已经颁布了《信息自由法》《隐私权法》《阳光下的政府法》《开放数据宪章——美国行动计划》《开放政府数据法》等多部规定。2011年9月，巴西、印度尼西亚、墨西哥、挪威、菲律宾、南非、英国、美国八国联合签署《开放数据声明》，成立开放政府合作伙伴（Open Government Partnership, OGP）。2013年6月，八国集团领导人签署了G8《开放数据宪章》，明确了政府数据开放的五大原则、十四个重点开放领域和三项共同行动计划。

通过考察域外国家数据开放的立法，我们可以发现目前主要存在两种立法模式。第一种立法模式为修改政府信息公开法。例如，2012年英国对信息公开法进行了修改，对数据开放的一些核心问题作了明确规定。此立法模式的优势在于立法效率高、针对性强，但劣势在于数据开放所面临的所有问题无法得到有效解决，政府信息公开同政府数据开放存在差别。[1]第二种立法模式为对政府数据开放进行专门立法。例如，2012年美国纽约市通过了《开放数据法案》，属于美国地方历史上首次对政府数据开放进行的立法。2019年1月14日，总统特朗普签署《开放政府数据法》（The Open Government Data Act, S.760），属于联邦层面的法律，其立法目的为扩大对政府数据的开放与管理，以促进透明度、有效治理和创新，以及其他目的[2]。美国《开放政府数据法》SEC. 2.（a）（1）明确规定，联邦政府数据是宝贵的国家资源，通过数据管理使之对公众、企业、新闻工作者、学者、倡导者具有开放性、可获得性、可发现性、可用性，

---

〔1〕参见肖卫兵：《论我国政府数据开放的立法模式》，载《当代法学》2017年第3期。

〔2〕参见美国《开放政府数据法》全文可参见美国国会网站：https://www.congress.gov/bill/115th-congress/house-bill/1770/text，最后访问时间：2020年7月2日。

从而提高政府工作效率、创造经济机会、促进科学发现，更重要的是强化民主。专门立法模式可以对政府数据开放提供最大程度的法治保障，较为全面系统地规定相关制度，但存在立法效率低、立法成本高、立法周期长等劣势。

（三）宜先行制定"政府数据开放条例"

政府数据开放已经在我国多地推行，但在国家层面还没有统一的法律规范。那么，我国政府数据开放立法应当采用何种立法模式，首先有必要弄清政府信息公开与政府数据开放的关系。

对于政府数据开放与政府信息公开的关系，主要有以下几种典型观点。第一种观点认为，政府数据开放是政府信息公开的一部分。通过分析信息和数据的本质可以发现，数据开放无论从概念、法律、价值和管理哪个方面看，都是信息公开的一部分。[1]第二种观点认为，政府信息公开属于政府数据开放的重要组成部分。"开放"是对"公开"的深化与创新，二者在价值取向、开展方式、技术层面上存在差别。[2]第三种观点认为，政府数据开放不同于政府信息公开。数据开放和信息公开是两个概念，信息公开把经过加工的数据变为有价值的信息对公众公开，而数据开放则是把"裸"数据开放给公众。[3]数据开放绝不是信息公开的"扩展版"，而是服务于大数据战略的重大举措，政府数据开放内含"释放数据的社会和商业价值"的新内容，在质上不同于政府信息公开。[4]正如 Beth Simone

---

[1] 参见黄璜、赵倩、张锐昕：《论政府数据开放与信息公开——对现有观点的反思与重构》，载《中国行政管理》2016年第11期。

[2] 参见薛智胜、艾意：《政府数据开放的概念及其范围界定》，载《财经法学》2019年第6期。

[3] 参见潘永花：《数据开放与政府治理创新》，载《大数据》2015年第2期。

[4] 参见高富平、张晓：《政府数据开放的边界如何厘定》，载《人民论坛》2017年第21期。

Novec 所认为，信息公开更多强调政府基于申请而作出单方答复，而数据开放则更重视合作、参与，更重视创造商业机会、促进科技发展。[1]

实际上，尽管存在联系，但政府数据开放和政府信息公开法律制度可以同时并行不悖。传统的政府信息公开重点在于"知"，而现代的政府数据开放重点在于"用"。政府信息公开发源于数字科技并不发达的工业时代，是民主政治的基本要求，其最主要的目的是使信息得到公开，满足公民的知情权、监督权，使人民更好地监督政府，具有一定的政治性。而政府数据开放则兴盛于数字科技高度发达的大数据时代，其最主要的目的是使数据价值得到充分利用，激发数字经济活力与社会创造力，并提高政府治理能力与服务水平，满足利用权、发展权，具有一定的商业性。开放政府数据则是政府信息公开在大数据时代的延伸和跃进，在开放的深度和广度上都达到了新的水平。[2]除了价值取向与功能不同外，范围也存在不同，政府数据开放并不限于成熟的政府信息，还包括原始数据。因而，政府信息公开同政府数据开放尽管有所交叉，但还是存在重大区别。政府数据开放与政府信息公开关系的基本定位为"承继但不取代"。[3]

既然政府数据开放不同于政府信息公开，那么通过直接完善政府信息公开制度来规范政府数据开放的立法模式，自然不可取。试图通过直接修改《政府信息公开条例》，来实现政府数

---

〔1〕 See Beth Simone Novec, Rights-Based and Tech-Driven: "Open Data, Freedom of Information, and the Future of Government Transparency", 19 Yale Hum. Rts. & Dev. L. J. 1, 2017.

〔2〕 参见郑磊：《开放政府数据研究：概念辨析、关键因素及其互动关系》，载《中国行政管理》2015 年第 11 期。

〔3〕 参见王万华：《论政府数据开放与政府信息公开的关系》，载《财经法学》2020 年第 1 期。

据开放的法治化不大可行。2019年我国修订后的《政府信息公开条例》，并没有直接明确规定政府数据开放。因而可以说，采取专门立法模式，是我国政府数据开放统一立法的不二选择。但是，如果由全国人大制定专门的法律，不仅存在程序繁琐、历时较长、耗财较多等问题，而且存在立法"试错"成本较大的风险，毕竟政府数据开放在我国探索实践的时间还较短。因此，在短期内，由国务院先行制定行政法规"政府数据开放条例"，可能比较符合我国的国情和立法传统。随着未来政府数据开放的实践问题不断显现，在科学评估"政府数据开放条例"实施效果的基础上，待时机更加成熟时，再由全国人大专门制定位阶更高的"政府数据开放法"比较稳妥。但值得注意的是，如果采取国务院先行制定"政府数据开放条例"的立法模式，在进行立法制度设计时，需要认真处理好与《政府信息公开条例》的衔接关系，努力防止出现制度性冲突与混乱。

三、政府数据开放的立法理念与立法结构

科学的立法理念，严密的立法结构，是保障政府数据开放立法质量的关键。效率与安全并重，而非片面强调任何一方，应成为中国政府数据开放的立法理念。在立法结构上，应保障政府数据开放立法内容的全面性与系统性，重点规范数据开放中的突出问题。

（一）政府数据开放的立法理念：效率与安全并重

在数字时代，既然数据成为新的生产要素，立法就应当保障数据得到自由高效流通。但由于数据涉及个人信息、企业商业秘密，甚至关系国家安全，所以立法还应保障数据安全。对于数据开放的立法理念而言，应以效率与安全并重，不应走极端。《数据安全法（草案）》多个条款强调，既要保障数据安

全，又要促进数据开发利用。[1]我国未来的数据开放统一立法，在设计数据开放具体法律制度时，不应过度强调数据安全而牺牲效率，也不宜过度强调数据的经济价值与公共价值而忽视数据安全。

1. 政府数据开放的效率保障

在开放范围上，政府数据开放应以开放为原则、不开放为例外，最大程度增加数据要素供给。在开放方式上，应以主动开放与依申请开放相结合的方式，同时应允许以协议的方式推动政府数据的商业利用。在开放数据质量上，应保障数据的全面性、准确性，以可机读标准格式开放，并及时更新相关数据。

政府数据属于生产要素的一种，为了激活政府数据要素市场，提升数据流通利用效率，应促进并规范政府数据开放的商业利用。对于某些出于商业利用目的的政府数据开放申请，政府可以收取适当报酬。商业利用往往需要大量政府数据，会给政府造成一定的开放成本，间接影响了纳税人的利益，所以从公平角度考虑，对于大规模的或持续的商业利用申请，政府除了可以收取适当的查询、复制和审查等费用外，还可以收取适当的报酬。而且，允许合理收费有利于充分调动政府开放数据的积极性。政府可以通过协议的方式，约定数据开放的使用方式和使用报酬。国际上，很多国家和地区对政府数据的商业利用都有明确规定。英国政府除了提供公益性、非营利的数据开放服务，同时还进行营利性的数据开放，收取"合理的投资回报"。[2]美

---

[1] 如《数据安全法（草案）》第1条规定，为了保障数据安全，促进数据开发利用，保护公民、组织的合法权益，维护国家主权、安全和发展利益，制定本法。第12条规定，国家坚持维护数据安全和促进数据开发利用并重，以数据开发利用和产业发展促进数据安全，以数据安全保障数据开发利用和产业发展。

[2] 参见鲍静、张勇进、董占广：《我国政府数据开放管理若干基本问题研究》，载《行政论坛》2017年第1期。

国对用于促进商业、贸易或者给申请者带来利益的数据开放申请，会收取费用。欧盟国家会向数据的商业利用者，收取数据采集、加工和整理过程中的管理成本等费用。因此，可以借鉴国际经验，促进政府数据开放的商业利用。

目前常见的政府数据商业利用的方式主要有两种：一是数据改装，即通过一定的数据包装方法对数据的组织、载体形式进行重组来满足市场需求；二是数据内容增值，即针对特定用户的需求，对有市场开发前景的政府数据资源进行内容上的提炼、加工以及知识创造。[1]对于经过政府分析处理形成的大数据，可以主动到大数据交易机构进行交易，如此不仅可以增加财政收入，还可以增加政府开放数据的动力。总的来说，促进政府数据开放的商业利用，并收取适当的报酬，可以使政府数据的价值得到充分发挥，增加社会总财富，推动数字经济社会快速发展。

然而，政府数据开放的商业利用可能被滥用。在美国，一些企业通过申请获取竞争对手的数据，或将数据违法转售，数据的商业利用使得行政效率变得低下。[2]除了企业可能滥用政府数据开放制度，政府也可能滥用数据开放权。如果在我国推行政府数据开放的商业利用收费制度，一些政府部门可能将数据开放的经济逻辑推至无以复加的地步，损害公共利益。[3]应慎重将政府数据作为国有资产管理，否则可能出现政府为了过度追求财政收入而造成"数据垄断"，最终不利于数据开放。政

---

[1] 参见吕富生：《论私人的政府数据使用权》，载《财经法学》2019年第6期。

[2] 参见高秦伟：《美国政府信息公开申请的商业利用及其应对》，载《环球法律评论》2018年第4期。

[3] 参见何渊：《政府数据开放的整体法律框架》，载《行政法学研究》2017年第6期。

府数据开放立法应设计科学的法律制度,在促进政府数据开放的商业利用的同时,对其进行有效规范。

2. 政府数据开放的安全性:平衡多元利益

追求政府数据开放的效率,应建立在数据安全的基础上。数字经济发展需要大量数据要素,但政府数据开放可能直接或间接导致个人信息、商业秘密、国家安全受到损害。《数据安全法(草案)》第36条规定,国家机关应当依照法律、行政法规的规定,建立健全数据安全管理制度,落实数据安全保护责任,保障政务数据安全。政府掌握了大量数据,如户籍身份数据、纳税数据、社会保险数据、车辆房屋数据、住宿登记数据、出入境数据、企业经营数据,等等。政府开放数据存在直接泄露个人隐私的风险,可能导致企业重要数据被竞争对手获取,可能损害国家秘密。但是,如果过度偏重数据安全,则又可能会降低数据开放的质量、影响数字经济发展、削弱国家竞争力。因而,政府数据开放统一立法应当设计科学的数据安全保护制度,审慎平衡多元利益,保障政府数据最大程度地安全开放。

(二)政府数据开放的立法结构

只有总体设计科学合理的立法结构体系,才能保障政府数据开放立法内容的全面性与系统性。那么,我国政府数据开放的立法结构如何设计呢?通过比较《上海市公共数据开放暂行办法》《贵阳市政府数据共享开放条例》《合肥市政务数据资源共享开放管理暂行办法》等地方规定可以发现,不同地方政府数据开放立法所共同的结构,包括总则、附则、资源共享、资源开放、保障监督、法律责任等部分,不同的结构主要体现在数据采集汇聚、平台建设、数据目录、安全管理等方面。

具体来说,我国政府数据开放统一立法的结构,应以开放全过程为主线,以开放核心环节为重心,主要设计以下几大部分：一是总则。对政府数据开放的立法依据、立法目的、开放的基本原则、领导机构、基本概念定义等进行规定。二是数据的采集存储与平台建设管理。对政府数据采集存储的方法、程序、数据的更新、数据的目录、平台的建设标准、平台的管理流程等进行规定。三是数据开放。对政府数据开放范围、开放标准、开放种类、开放程序、开放与个人隐私保护、开放的商业利用及其规范等进行规定。四是数据共享。数据共享是政府系统内部的数据开放，以数据开放为前提，可以起到提高政府治理能力与服务水平的作用。政府数据开放立法应对政府数据共享的种类、共享的标准、共享的程序、共享纠错机制等进行规定。五是保障监督与法律责任。对政府数据安全管理机制、考核机制、监督机制、法律责任种类、适用情形、适用程序等进行规定。六是附则。对立法适用范围、施行时间等进行规定。因此，我国政府数据开放科学合理的立法结构，可以主要分为总则、数据的采集存储与平台建设管理、数据开放、数据共享、保障监督与法律责任、附则等六大部分。

四、政府数据开放的核心法律制度构建

未来我国政府数据开放统一立法，需要对核心事项进行明确规定，建构有效的数据开放法律制度。我国目前零散的政府数据开放政策文件与法律规范，已经无法涵盖政府数据开放的诸多关键问题，迫切需要进行统一的中央立法。虽然《数据安全法（草案）》第五章专门规定了"政务数据安全与开放"，但条文较少仅7条，而且内容也较为宽泛简单。政府数据开放是一个动态过程，为了最大程度地保障开放，充分释放政府数据在数字时代的潜在价值，应当对政府数据开放的全过程进行全国立法统一规范。从政府数据开放前的采集存储、开放平台的建设

管理，到数据开放的范围、标准、程序、安全管理、保障监督，再到数据开放后的法律责任追究等关键事项，都应当进行规范。

（一）明确政府数据的开放范围与标准

明确政府数据开放范围与标准，是政府数据开放立法的首要任务。相比于众多的互联网企业来说，政府才是大规模数据的原始采集者，并且还在与私营企业竞争他们所控制的大量数据，提取政府数据价值最好的办法是允许私营部门和社会大众访问。[1]然而，政府所控制的大量数据，目前仍处于"沉睡"状态。在大数据时代，海量政府数据需要"苏醒"。私营部门和社会对数据的利用会比政府更有创造性，美国《开放政府数据法》SEC. 2. (a) (2)明确规定，除非联邦政府合理地预见到数据开放可能损害受法律保护的特定利益，或者法律明文禁止联邦政府发布此类数据，否则推定数据应当向公众公开。科学确定政府数据开放范围，首先需要弄清政府到底掌握了哪些数据，这些数据可以分为哪些种类，不同种类的政府信息开放与否、开放的程度，都可能存在不同。

推进政府数据开放，并不表明所有政府数据都应当开放。在中国现阶段，需要对不同的政府数据实行分级、分类管理，然后确定类型化的逐步开放范围。对于商业增值显著、社会需求迫切的政府数据应当优先开放。《中共中央 国务院关于构建更加完善的要素市场化配置体制机制的意见》提出，研究建立促进企业登记、交通运输、气象等公共数据开放和数据资源有效流动的制度规范。《数据安全法（草案）》第39条明确要求，国家制定政务数据开放目录。制定数据开放目录，不但不违背

---

[1] 参见［英］维克托·迈尔-舍恩伯格、肯尼思·库克耶：《大数据时代：生活、工作与思维的大变革》，盛杨燕、周涛译，浙江人民出版社2013年版，第149~150页。

以开放为原则的理念，而且有利于推动各地、各部门依法及时开放数据，可以减少随意找理由不开放数据的行为。

政府应当开放高质量的数据。对于数据开放的标准，G8《开放数据宪章》确立了开放数据的五大要求，包括使开放数据成为规则、注重数据质量和数量、让所有人都可以使用、为了改善治理发布数据和为激励创新发布数据。《促进大数据发展行动纲要》要求，提升政府数据开放共享标准化程度。政府数据的格式标准需要特别重视。目前，我国政府数据开放混乱的数据格式限制了数据的开放，非开放格式的数据集限制了数据的利用。[1]数据可机读比例低，尚未实现所开放的数据都是可读格式，不利于数据的有效利用，特别是不利于非技术背景使用者利用数据。[2]应从数据内容完整、更新及时，满足不同用户主体的需求方面规定数据质量。[3]总的来说，我国的政府数据开放立法应明确相关标准，建立健全政府数据开放质量管理体系，保障政府数据的开放质量。

（二）建立数据开放保密审查和安全管理法律制度

为了防止政府数据开放对个人信息、企业商业秘密、国家安全等带来不利影响，立法时需要建立数据开放保密审查和安全管理法律制度。在政府数据来源上，政府职能部门应当遵守比例原则，采集数据的目的必须明确、特定、正当，尽可能采集最少可用的相关信息。政府不能因为某些数据有利于科学决策，

---

[1] 参见周文泓：《我国省级政府开放数据的进展、问题与对策》，载《图书情报知识》2017年第1期。

[2] 参见郑磊、高丰：《中国开放政府数据平台研究：框架、现状与建议》，载《电子政务》2015年第7期。

[3] 参见肖卫兵：《论政府数据开放环节立法》，载《财经法学》2019年第6期。

有助于实施行政规制和个案调查,就随意过度索要数据。[1]对于合法获取的数据,在开放前对可能造成较大影响的,必要时应进行个人隐私、商业秘密和国家秘密保密审查。加拿大确立了数据开放的隐私影响评估(PIA)制度。当政府数据开放涉及个人信息并可能产生隐私风险时,需要参照加拿大标准委员会制定的个人信息保护十大准则框架,结合 R. V. Oakes 的四步测试法,对个人隐私影响进行评估。[2]我国 2020 年颁布的《中华人民共和国民法典》(以下简称《民法典》)在第四编"人格权"第六章中,专门规定了"隐私权和个人信息保护",明确处理个人信息应当遵循合法、正当、必要原则,不得过度处理。未来政府数据开放立法,应在现行法律的基础上,进一步加强个人信息保护。

除了个人隐私保护外,政府数据开放立法还应当重视商业秘密、国家安全保护。商业秘密是一种重要的无形财产,涉及企业的技术信息与经营信息,一旦泄密不仅可能直接损害企业的创新积极性,损害市场的公平竞争性,还可能危害国家经济安全。[3]由于开放的是大量政府数据,所以还可能导致国家安全信息被泄露。而且,涉及商业秘密、国家安全的政府数据不仅可能被不当开放,而且还可能通过开放后的大数据分析被侵犯,导致企业商业利益、国家经济安全、国家公共安全遭受重大损害。在政府数据开放方式上,应尽可能运用最先进的数字科技,选择最小损害的方式。政府数据开放需要对数据进行科

---

〔1〕参见刘权:《论网络平台的数据报送义务》,载《当代法学》2019 年第 5 期。

〔2〕参见邹东升:《政府开放数据和个人隐私保护:加拿大的例证》,载《中国行政管理》2018 年第 6 期。

〔3〕参见李薇薇、郑友德:《欧美商业秘密保护立法新进展及对我国的启示》,载《法学》2017 年第 7 期。

学分类，并根据情况进行假名化、匿名化等方式先行处理，确定完全开放、限制性开放、不予开放等不同程度的类型化开放方式。如果政府相关部门需要委托第三方进行数据处理的，必须履行相应的程序，并对第三方进行全过程的动态监督，最大程度地保障数据安全。《数据安全法（草案）》第37条规定，国家机关委托他人存储、加工政务数据，或者向他人提供政务数据，应当经过严格的批准程序，并应当监督接收方履行相应的数据安全保护义务。

值得注意的是，政府数据开放立法应当重视数据开放后的再识别化风险，设计数据风险预防与响应机制。随着计算机软件的革新和对外部信息的广泛使用，越来越多的电脑科学家能够利用公开的数据集重新识别个体。[1]保护个人信息尤其是个人私密信息的去识别化机制备受质疑，虽然去识别化可以缓解个人数据的过度开放，但该机制运行有效的前提是数据没有达到规模效应。[2]如果足够多的不相关数据组合到一起，极有可能精准识别出个人。可以预见，随着大数据分析技术的不断提高，再识别假名化、匿名化的开放数据会越来越容易，个人信息被重新识别受到不当侵犯的现象会越来越多。总而言之，为了保障数据开放的安全性，应构建严密有效的数据开放安全保密审查和安全管理制度。

（三）规范政府数据开放平台建设与管理

政府数据开放平台是连接政府与数据利用者的媒介。尽管我国一些地方已经建立了数据开放平台，可总结为平衡发展型、

---

〔1〕 See Paul Ohm, "Broken Promises of Privacy: Responding to the Surprising Failure of Anonymization", *UCLA Law Review*, Vol. 57, 2009.

〔2〕 参见孙南翔：《论作为消费者的数据主体及其数据保护机制》，载《政治与法律》2018年第7期。

平台优先发展型、数据优先发展型、渐进发展型等模式,[1]但存在开放平台总体数量少、地域差异大、平台资源数量少、尚未建设完整的元数据体系、数据服务功能少等问题。[2]早在2009年,受《开放政府指令》的影响,美国联邦政府就在全球率先设立了美国政府数据开放平台(data.gov)。随后,越来越多的国家也纷纷在国家层面设立政府数据开放平台。如英国(data.gov.uk)、新西兰(data.govt.nz)、加拿大(open.canada.ca/en)、日本(data.go.jp)等。虽然我国很多地方政府都建立了数据开放平台,但在全国层面至今还没有统一的数据开放平台。

尽管我国地方政府数据开放取得了一定的成效,但是地方平台从数据量、时效性、数据集可视化、互动分享等方面与美国相比,还存在巨大差距,其中一个重要原因在于各自为政下形成的"低法治"的数据割据。[3]《公共信息资源开放试点工作方案》鼓励试点地区统一采用 www.xxxdata.gov.cn 开放平台域名,并对平台建设提出了一些要求。《数据安全法(草案)》第39条明确要求,构建统一规范、互联互通、安全可控的政务数据开放平台。政府数据开放统一立法应对平台建设与管理作出专门规定,进一步明确全国性数据开放平台和地方政府开放平台的建设标准、维护更新机构、管理机制、元数据应用等规则。

---

〔1〕 参见张廷君、曹慧琴:《地方政府数据开放平台发展模式及影响因素分析》,载《电子政务》2019年第4期。

〔2〕 参见黄如花、王春迎:《我国政府数据开放平台现状调查与分析》,载《情报理论与实践》2016年第7期。

〔3〕 参见何渊:《政府数据开放的整体法律框架》,载《行政法学研究》2017年第6期。

（四）明晰政府数据开放法律责任

科学合理的法律责任设置，有利于预防减少政府数据开放的不作为、慢作为、滥作为现象，促进政府数据依法开放。在政府数据开放过程中，相关公职人员可能存在以下违法情形：（1）不按规定建设数据开放平台；（2）不按规定采集、存储、更新政府数据，不按规定编制、更新、汇总和上报资源目录；（3）开放的数据存在真实性、准确性和完整性问题；（4）不按程序处理政府数据开放申请；（5）不按规定开放政务信息系统接口或者数据库；（6）非法采集、销售、泄露国家秘密、商业秘密及个人信息；（7）不按规定落实数据安全保护措施；等等。在主观上，政府数据开放违法行为既可能是出于故意，也可能是由于过失，如开放前没有审慎进行数据安全影响评估。因此，在责任种类与形式选择上，上级机关或者纪检监察机关等追责主体，应当根据违法行为的种类，区分故意与过失，依据法定程序，及时公正地追究相关违法人员的政府数据开放责任。对于开放数据造成损害的，应区分个人行为和公务行为，设定对数据主体的赔偿责任。如果是由于公职人员个人行为导致的损害，应根据《民法典》的相关规定进行赔偿；如果公职人员在履行数据开放职责过程中造成的损害，应由其所在机关承担国家赔偿责任。《数据安全法（草案）》只是规定了民事责任、行政责任和刑事责任，并没有对政府数据开放公务行为导致的损害设定国家赔偿责任。

五、结　语

在大数据时代，数据成为新的生产要素。数字经济是生产力新的组织方式，发展数字经济已经成为世界主要大国和地区提升经济竞争力的共同选择。《二十国集团数字经济发展与合作倡议》提出，数字经济是全球经济增长日益重要的驱动力。发展数字经济，离不开数据，数据的高效流通和充分利用至为关键。以数据作为关键生产要素是数字经济最鲜明的特点。[1]在国家层面，通过政府数据开放统一立法，进行科学的顶层设计，以法治方式加快政府数据开放进程，为数据要素市场提供更多的数据资源，是壮大数字经济的重要手段。在立法模式上，短期内可以由国务院先行制定"政府数据开放条例"，时机成熟时再制定"政府数据开放法"。在立法理念上，应注重数据开放效率与安全的平衡。在立法结构上，应以开放全过程为主线，以开放核心环节为重心。在立法核心制度上，需要明确政府数据开放范围与标准，建立数据开放保密审查和安全管理法律制度，规范数据开放平台建设与管理，明晰政府数据开放的法律责任。构建有效的政府数据开放统一法律制度，是优化数字经济营商法治环境的重要措施，不仅有利于促进我国数字经济在国内外得到良性快速发展，还有利于实现政府公共服务的精准化与个性化，从而有助于推进国家治理能力的现代化，实现数据强国。

---

[1] 参见刘权：《网络平台的公共性及其实现——以电商平台的法律规制为视角》，载《法学研究》2020年第2期。

数字时代通信权的重释

张 翔[*]

引 言

　　法是时代精神的规范凝结。抽象的人权观念是现代的产物，而具体到一国的宪法权利则是当时期社会经济生活的反映。在人权从理念制度化为实定法权利的历史进程中，[1]发端于西方的工业革命为塑造通信权的内容、推动通信权成为宪法中的基本权利发挥了不可替代的作用。《中华人民共和国宪法》（以下简称《宪法》）第40条规定了通信自由和通信秘密是公民的基本权利，这一宪法权利规范同样带有明显的时代烙印。如果说邮政电报是第二次工业革命的产物，第四次工业革命的数字化人工智能正在从根本上取代邮政电报。若要在数字时代正确理解和适用宪法通信权，需将通信权回归到其更深一层的本质，就是人格无限延伸的权利。通信媒介的不断进步革新，人格延伸和拓展的表达形式也随之发生改变，邮政、电信权在当下更准

---

　　[*] 张翔，法学博士，中国人民大学法学院教授，博导。本文刊发于《齐鲁学刊》2022年第5期。
　　[1] 关于人权从理念到宪法上的基本权利，参见张翔：《论人权与基本权利的关系——以德国法和一般法学理论为背景》，载《法学家》2010年第6期。

确地应称为信息或数据权。

2021年，全国人大常委会相继出台《中华人民共和国数据安全法》（以下简称《数据安全法》）、《中华人民共和国个人信息保护法》（以下简称《个人信息保护法》），一个直接的问题便是，这些下位法中的数据以及个人信息权益等对应的是宪法中哪项基本权利和规定。对此学者亦不乏争论，既有私法权益论，[1]也有公法保护论，公法保护论又分为行政规制论[2]以及宪法基础论。[3]宪法对公民相应权益提供根本法保护应无争议，需要澄清的是具体指向宪法中哪个权利条款，抑或属于宪法中未列举的权利。[4]换言之，宪法中的通信权是否具有足够的开放结构，可以涵盖包括信息和数据权益在内的一系列新型数字权利，从而构筑一个全面而又开放的权利保护体系。然而，学界关于宪法通信权的讨论一般都聚焦于通信之自由和秘密，少有关注通信本身者。[5]本文从通信的释义入手，先是追溯通信的发展史，分析通信权的概念结构；进而探寻其法理根据，即每个公民的跨越性人格与人格无限延伸的权利；然后从客观规范的角度去论述通信权规范对应的客观义务；最后，结合我国

〔1〕 参见程啸：《论我国民法典中个人信息权益的性质》，载《政治与法律》2020年第8期。

〔2〕 参见周汉华：《个人信息保护的法律定位》，载《法商研究》2020年第3期。

〔3〕 参见王锡锌、彭錞：《个人信息保护法律体系的宪法基础》，载《清华法学》2021年第3期。

〔4〕 关于未列举权利的观点，参见李忠夏：《数字时代隐私权的宪法建构》，载《华东政法大学学报》2021年第3期。

〔5〕 最近的论述参见陈道英：《网络时代的通信秘密：性质、范围及限制》，载《暨南学报（哲学社会科学版）》2022年第7期；秦小建：《新通信时代公民通信权的实践争议与宪法回应》，载《政治与法律》2020年第7期；杜强强：《法院调取通话记录不属于宪法上的通信检查》，载《法学》2019年第12期。事实上，部分论者已经将通信的外延从邮政信件拓展到了手机。

《宪法》以及网络相关立法中关于通信权的具体规定，勾勒出一个适应数字化时代正在形成的通信（媒介）权保障体系。

一、通信权的历史与定义

从新中国宪法发展史来看，早在1949年《中国人民政治协商会议共同纲领》（以下简称《共同纲领》）中就规定了公民通讯自由权，1954年《宪法》则明确规定了公民通信秘密受法律保护，1982年《宪法》则对公民的通信权作出了更加详尽的规定。[1]然而，我国是一个后发现代国家，1982年《宪法》中的通信权所对应的通信技术当时都是从国外引进而来，单从立法上很难充分观察到通信权与通信科技发展的历史相关性。从欧洲以及美国通信权的法制史来看，通信权作为宪法上的基本权利在一国法治中的立法历程通常是与通信技术发展史同步的。通信权既有其人权保护的法律安定性，也有其时代科技进步的变动性，二者共同构成了通信权的发展历史与概念内涵。

（一）通信权的发展史

人类的通信方式、通信手段与通信制度同科技发展一直密切相关。在古代，人与人之间沟通的水平较低，烽火狼烟、飞鸽传书、驿马邮递是那个时代最为真实的写照。进入现代以来，在工业革命的推动下，人类通信领域发生了革命性的进步。

---

[1]《共同纲领》第5条规定，中华人民共和国人民有思想、言论、出版、集会、结社、通讯、人身、居住、迁徙、宗教信仰及示威游行的自由权。1954年《宪法》第90条第1款规定，中华人民共和国公民的住宅不受侵犯，通信秘密受法律的保护。1982年《宪法》第40条规定，中华人民共和国公民的通信自由和通信秘密受法律的保护。除因国家安全或者追查刑事犯罪的需要，由公安机关或者检察机关依照法律规定的程序对通信进行检查外，任何组织或者个人不得以任何理由侵犯公民的通信自由和通信秘密。关于通讯与通信的区别，《现代汉语词典》（第5版）的释义指出，在技术意涵上通讯是通信的旧称。

— 049 —

1837年美国人摩尔斯发明了电报机,人们传递信息可以通过电报的方式完成。由于人们使用电报进行通信成为趋势,1857年横跨美国海底的电报电缆正式铺设完成。1875年贝尔发明了电话,1895年俄国人波波夫、美国人尼古拉·特斯拉和意大利人马可尼同时发明了无线电接收机,从此信息可以通过电磁波进行传播。到了20世纪20年代,英国人贝尔德完成了电视画面的发送,电视这一重要的信息传播工具就此诞生。1946年美国发明了世界上第一台计算机ENIAC,1969年,美国创建阿帕网(ARPANET)成为现代互联网的雏形,1983年美国将阿帕网分为军用与民用,互联网逐渐走向民间的日常生活领域。1993年美国开始建设信息高速公路项目,将互联网发展的最新成果应用于民用通信领域。[1]网络科技的进步与发展将人类通信提升到了前所未有的高度。可以说,通信作为媒介技术的总称,在不同的历史发展阶段具有不同的技术表现形式,这也表现在通信权在法律上的不同表述。

科技进步与社会化必然表现在法律等上层建筑当中。通信权成为一国宪法中的基本权利,同通信技术引发的社会变迁密不可分。通信权最早的立法例是在美国,1791年美国《权利法案》第4条明确将通信秘密作为一项宪法上的基本权利予以保护。[2]但是,囿于当时通信技术的发展水平,并没有对通信权的内容与行使方式予以详细规定。随着科技的发展,尤其是第二次工业革命中电话的发明,公民的通信手段与通信水平有了明显提

---

〔1〕 参见杨义先、钮心忻:《通信简史—从遗传编码到量子信息》,人民邮电出版社2020年版,第283~291页。

〔2〕 1791年美国《权利法案》第4条规定,公民的人身、住宅、文件和财产不受无理搜查和扣押的权利,不得侵犯。除依据可能成立的理由,以宣誓或代誓宣言保证,并详细说明搜查地点和扣押的人或物,不得发出搜查和扣押状。此处的文件包括邮政信件等。

升。为此，不少国家的宪法对通信权作出了更具时代特征的规定，如 1919 年德国《魏玛宪法》将公民通信秘密的保护范围拓展到电报与电话；[1] 1949 年《德意志联邦共和国基本法》（以下简称《基本法》）则在邮政之外将电信秘密不受侵害规定到宪法基本权利当中。[2] 可以说，通信权入宪是科技发展进步的结果，一方面通信权对于人如此重要，以至于成为基本权利的一部分[3]；另一方面 1791 年的美国《权利法案》中规定的通信权对应的依旧是传统邮政信件模式，到了德国《魏玛宪法》以及战后《基本法》，通信权的内涵与形式逐渐变得丰富多样。

（二）通信权的概念与内涵

从技术的角度观察，通信是指信息通过媒介从一点转到另外一点的过程。媒介是通信过程中最重要的环节，媒介的发展与应用水平直接决定了通信实现的水平。从古至今，通信媒介从最早的烽火信号到造纸术发明后的信件，再到电信号、光信号，在网络智能时代，转变为电子的、数字的媒介。通信成为每个人生活中不可分割的一部分，通信也就成为每个人法律上的基本权利，其内容也随媒介种类而调整。以我国改革开放以来的立法为例，立法保障通信权充分体现了媒介技术进步的时代特征。1982 年《宪法》明确规定了公民享有通信自由和通

---

[1] 德国《魏玛宪法》第 117 条规定，书信秘密以及邮政、电报、电话之秘密，不得侵害，其例外惟依据联邦法律始得为之。

[2] 1949 年《基本法》第 10 条规定，书信秘密、邮件和电信秘密不受侵犯。

[3] 除了各国宪法之外，通信权也成为国际人权法的内容。1948 年的《世界人权宣言》中明确了对通信权的保护，1966 年通过、1976 年生效的《公民权利与政治权利国际公约》对通信权作出了进一步的阐释。该公约真正意义上以法律形式将通信权作为一项基本人权，各个缔约国必须遵守这一公约中公民通信权的规定。此外，区域性人权条约对公民通信权的规定在通信权保障方面起着重要作用。1953 年生效的《欧洲人权公约》规定通信自由是公民的一项基本人权。

信秘密。[1]1993年国务院颁布《无线电管理条例》,明确规定无线电电频频谱归国家所有,国家统一规划、合理开发、科学管理。然而,随着通信技术的不断发展,《中华人民共和国无线电管理条例》(以下简称《无线电管理条例》)逐渐不能满足公民通信权的需要。2000年《中华人民共和国电信条例》(以下简称《电信条例》)出台,以部门规章的方式对我国电信业务经营主体与经营方式作出了规定。2010年后,网络成为生活空间的一部分,相关立法规定进入白热化阶段。2016年,为了实现与网络通信的协调对接,国务院对《无线电管理条例》进行修订。[2]2016年至今,《中华人民共和国网络安全法》(以下简称《网络安全法》)、《数据安全法》《个体信息保护法》等法律法规陆续出台,立法对通信权的保护呈现出时代发展和内涵扩张两个基本维度。

宪法是国家的根本法,宪法权利是具有引领性的基本权利,宪法通信权的概念必须能够覆盖这两个维度。然而,针对宪法上的通信权,当前学界对通信权的界定大致可归为两类。一类是罗列通信的不同类型,却没有指出通信媒介的一般性和开放性。如有学者认为通信权是采用邮信、电报、电话、传真等方式与他人进行通信的基本权利,[3]还有学者对通信权的界定是公民通过电信、电报、传真、电话及其他通信手段,根据自己

---

[1] 在我国《宪法》官方英文译本中,第40条通信自由与通信秘密被翻译为"freedom and privacy of correspondence",恰恰反映了立法者的时代性。因为英文correspondence的含义为通过书信往来的通信(communication by the exchange of letters),即限定了通信权的内涵为邮件,忽略了邮件只是通信的一种媒介。相比起来,communication一般指的是人与人之间通过不同媒介对信息进行的传送,因此,将通信权的英文翻译为the right to communication更为合适。

[2] 2016年《无线电管理条例》明确了无线电资源的多元配置模式,明确了无线电频率的使用期限,完善了无线电频率资源收回制度,增加了卫星无线电频率管理的相关规定。

[3] 参见韩大元、胡锦光:《中国宪法》,法律出版社2018年版,第257页。

的意愿进行通信，不受他人干涉的自由。[1]另一类则是关注通信权的防御权面向，尽管看到网络技术的发展对通信的影响，却忽略了媒介技术进步是通信权的核心内涵。如有学者认为通信权是一种消极防御型权利，而电子邮件、手机短信等通信媒介是通信权的具体展开。[2]

从权利理论上观察，宪法通信权既是一项主观权利，也是客观规范。准确地说，我国《宪法》中关于通信权的规定对应的是第二次工业革命时代。数字时代意味着，对通信权的理解要跳出时代技术的局限，作更为一般化的理解。立法保护通信权的目的在于，公民通过特定的通信媒介，突破特定时间与空间的限制，拓展自身的人格。无论通信媒介技术如何变化，通信权拓展公民人格这一根本目的不会变，而确保公民实现人格拓展的质量和水平的关键在于媒介或者说媒介技术。据此，宪法通信权的概念包含两个层面，一是人格自由延伸的跨人格权，二是特定媒介技术和手段。宪法通信权就是每个人不断突破时空界限同其他人联系、沟通和交往、拓展自身人格的基本权利。通信媒介则是通信权的变量，体现为各种特定的通信权利，如邮政通信权、广播电视信息权、当前的网络信息权和数据权等，它决定了立法保护公民通信权的水平与体系。

---

〔1〕 参见《宪法学》编写组编：《宪法学》，高等教育出版社、人民出版社2011年版，第223~224页。

〔2〕 参见韩大元、林来梵、郑贤君：《宪法学专题研究》，中国人民大学出版社2008年版，第393页。最新对通信权的研究基本上都在防御权的维度进行探讨。参见张翔：《通信权的宪法释义与审查框架——兼与杜强强、王锴、秦小建教授商榷》，载《比较法研究》2021年第1期；王锴：《调取查阅通话（讯）记录中的基本权利保护》，载《政治与法律》2020年第8期。

二、人的无限延伸与跨越性人格

现代社会的进步，与其说是从身份到契约，[1]不如更一般地说，是人格的无限延伸和拓展。人格的拓展与延伸表明，公民通信权的主要基础不在于独立自主的个体人格，而是跨越性人格。跨越性人格的实现依赖于一定的通信媒介，不断进步的媒介技术构成了通信权的历史与体系性内涵。思想史上观察，拉德布鲁赫的跨越性人格理论为准确把握通信权奠定了法理基础，而麦克卢汉的媒介理论则揭示了通信权因媒介技术进步在不同时代形成不同权利内容的历史变迁。

（一）法律价值与跨人格理论

在相当长的时间里，个体人格观似乎成为不言自明的人权以及公民权的一般法理基础。与个体人格观相对，国家在每个公民的权利保护中都扮演着双重角色，即权利的守护者或干预者。在个体人格与国家人格的二元论中，宪法权利理论构建起了经典的防御—介入模式。但是，个体人格并非每个公民人格的唯一属性，确切说，通常所言的个体人格只是每个人人格指向自身的一面，而忽略了每个个体人格指向外部的一面。对于这一面，德国法学家拉德布鲁赫将其称为跨越性人格。

在其蜚声世界的《法哲学》中，拉氏概括了三种价值及其对应的三种人格类型。从价值角度观察，现代世界主要有三种价值：个体价值、集体价值和作品价值。每个价值对应不同的人格，个体人格对应个体价值，超个体人格对应集体价值，而跨越性人格对应的是劳作或作品价值。个体人格观关心的是消

---

[1] 参见［英］梅因 H. S:《古代法》，沈景一译，商务印书馆1959年版，第96~97页。

极自由,超个体人格观是国家视角,跨人格观聚焦的是劳作与作品基础上形成的文化。那么,何为劳作与作品,它与人的关系是什么?同属于新康德主义的文化哲学家卡西尔在其《人论》中给出了明确解释,人的突出特征,人与众不同的标志,既不是他的形而上学的本性也不是他的物理本性,而是人的劳作。[1]劳作构成了人类活动的体系,规定和划定了人性的圆周。语言、神话、宗教、艺术、科学、历史等都是劳作产生的作品,是人性之圆的组成部分和各个扇面,都属于不同的符号形式,[2]被一个共同的纽带联系在一起。据此,如果说,由个体人格塑造的共同生活形态是"市民社会",以超个体人格塑造的共同生活形态是"国家",那么,跨个体人格塑造的共同生活形态则是"共同体"。[3]

后来的文化哲学家并没有使用跨个体人格的表述,而是对应主体哲学,使用的是主体间性。在这个意义上,商谈哲学进一步发展了拉德布鲁赫以及文化哲学的跨人格理论,用个体间的语言交往行为理论重塑了跨人格理论。[4]但是,就通信媒介来说,语言只是通信的一种媒介,将其作为文化劳作和主体间关系的唯一媒介,并不符合实际生活。语言之外,包括数字符

---

[1] 参见[德]恩斯特·卡西尔:《人论》,甘阳译,上海译文出版社1985年版,第87页。

[2] 参见[德]恩斯特·卡西尔:《人论》,甘阳译,上海译文出版社1985年版,第281页。

[3] 参见[德]古斯塔夫·拉德布鲁赫:《法哲学》,王朴译,法律出版社2013年版,第61~63页;[德]古斯塔夫·拉德布鲁赫:《法学导论》,米健译,商务印书馆2013年版,第34~36页。

[4] 参见[德]哈贝马斯:《交往行为理论第一卷 行为合理性与社会合理化》,曹卫东译,上海人民出版社2018年版,第407~419页。从商谈哲学重构拉德布鲁赫的法哲学,参见张龑:《拉德布鲁赫法哲学上的政党学说批判》,载《清华法学》2013年第2期。

号和算法等媒介,都属于通信媒介,也是跨越性人格理论较商谈哲学具有更广泛的适用范围。因此,跨越性人格理论所支撑的通信权包括但不限于语言表达和论辩的权利。完整地说,通信权是对符号与媒介及其衍生的精神作品乃至物质设备所享有的基本权利,旨在实现人类的互联互通,充分实现每个人的跨越性人格。概言之,通信权是一种跨越性人格权,语言只是实现跨越性人格的媒介体系的一部分,包括语言在内符号与媒介是跨越性人格权利的核心。

(二)媒介的变迁与人格的延伸

1964年,加拿大著名的媒体人麦克卢汉出版了被誉为互联网先知的《理解媒介:论人的延伸》一书,副标题则是论人的延伸,深刻地揭示了跨越性人格所内含的基本价值。人生天地间,本是一无限延展之存在,但受限于物理与文化媒介的局限,只能局限在有限的时空里。在麦克卢汉看来,媒介本质上就是人的延伸,媒介是人类器官与感官的强化与放大。[1]每个人人格的延伸需要的是以技术为支撑的媒介,技术越发达,跨越性人格发展的程度就越高。麦克卢汉指出,历史上看,人类媒介的革命可以分为三个阶段:第一个阶段是语言与文字的发明使得人类走出部落,加强与部落外世界的联通;第二个阶段是印刷术的发明,印刷术的广泛应用推进了欧洲近代民族国家的兴起与壮大;第三个阶段是信息技术发展,如果说在机械化时代,人类实现了物理身体的延伸,那么信息技术的发展则使人类的神经系统得到了前所未有的延伸,通过信息技术作为媒介,人类的感知可以延伸到世界各个角落,知识的创造与更新可以轻松传遍整个人类社会,人类的跨越性人格达到了前所未有的高

---

[1] 参见[加拿大]马歇尔·麦克卢汉:《理解媒介:论人的延伸》,何道宽译,译林出版社2011年版,第110~124页。

度。如麦克卢汉所言，电子媒介的迅速发展使得人类逐渐结合为一体，重新"部落化"，地球这颗行星成为相互联通的地球村。

"一切媒介都是感官的延伸"，媒介即人格，媒介技术革命的爆发为人类的跨越性人格的充分实现奠定了物质基础。现代国家的宪法同步规定了一系列的基本权利，如言论、出版等权利，以及邮政、广播、电视、电信等权利。这些权利看似不同的权利类型，本质上都是关于媒介的权利，只是跨越了不同技术时代，共同出现在后发现代国家的宪法文本中。事实上，这些不同的权利都属于跨越性人格权，也即通信权，差异在于媒介类型。如公民言论权的行使离不开出版、广播等，但是出版权的行使需要以纸张与印刷术为媒介，而广播权则是以电台信息为媒介。网络平台技术的发展为这些不同形式的媒介权加以赋能，如今转化为数据权、信息权、算法规范等。可以说，跨越性人格权自古就有，但是由于媒介形式的不同，媒介背后技术水平的不同，跨越性人格表现为不同的宪法权利以及其他法律中的权利。

事实上，人类历史就是一部不断实现人格延伸和跨越性的历史。现代哲学的重要突破在于认识到在纯粹的主观精神世界（第一世界）与纯粹物理世界（第三世界）之间，存在以客观知识或符号为载体的第二世界。自觉建设这样一个世界，成为现代化的任务和目标，其中以互联互通为目标的媒介体系，可以统称为通信。通信的实质就是开发与建设媒介，打通人与人之间交往沟通的屏障，实现互联互通。因此，立法保护通信权既是对人权中跨人格权的制度保障，也是每个国家实现现代化的重要途径与必然要求。

三、国家义务与社会责任

通信技术和通信立法的发展史密切相关，共同构成现代化进程中的浓墨重彩的篇章。若将通信理解为一切媒介技术的总括性表述，通信权则是一个内含媒介技术演进的各种历史类型的总体性权利。时下热议的个人信息与数据权益，也属于宪法通信权的一种历史类型。为了更好地实现现代化，推动促进通信媒介技术的进步与运用是通信权作为客观规范的重要内容。也就是说，通信权作为宪法上一项基本权利所表达的不只是具体的主观防御权利，还包括实现通信现代化、保护个体通信权实现的国家义务。通信权的实现程度与品质是衡量我国走向现代化的程度与人权保障水平的重要标尺。宪法通信权要求国家要为通信权的保障完善通信基础设施、加强网络空间监管，推进网络平台之间的互联互通。与此同时，居于社会层面的网络平台掌控通信的核心科技，对于日常生活深深依附于网络平台的公民来说，通信权意味着，网络平台必须承担起不侵犯以及积极保护公民通信权的社会责任。

（一）国家保障通信权的义务

相对于公民享有的一般通信权，国家有义务尊重、保障、促进通信权的实现国家义务。这既是《宪法》第33条"尊重与保障人权"基本主张的体现，也是我国《宪法》序言中规定实现现代化的要求。首先，从宪法基本权利的功能维度观之，基本权利的首要任务在于限制国家权力，保障基本权利的行使不受国家权力机关非法或不正当的干涉，如确有干涉之必要，对公民基本权利的限制必须有合法或正当的理由。[1]其次，基本

---

〔1〕 See Robert Alexy, *Theorie der Grundrechte*, Frankfurt/M 1994, S. 174.

权利是一种受益权，公民可以请求国家作出一定的给付义务，保障基本权利的实现；最后，基本权利是一种客观价值秩序，这一秩序意味着，除了"不侵犯"并"保护"基本权利之外，国家要运用一切必要和可能的手段促进、保障基本权利的实现。[1]作为跨人格权与媒介权，通信权与其他基本权利的重要区别在于，通信权的保障与实现主要不是体现在基本权利的消极防御维度，而是国家应当承担推进通信现代化的国家职能。通过通信基础设施的建设以及通信技术的发展，为公民跨越时间与空间的界限、拓展自身人格提供技术保障与物质保障，这是通信权最为核心的内涵。比如说，国家保障公民通信权有义务建设相应的通信基础设施，这种基础设施也是一种媒介，即美国学者彼得斯提出的"基础设施型媒介"，是一种能量放大的能力系统，可以跨越时间与空间将人们彼此之间联系起来。[2]对于后发现代国家来说，技术的发展与法治的进步必然是先由国家推动，然后才是社会习惯的生成，科技与相应的法制成为社会生活本身。

我国改革开放以来的通信发展史见证了国家积极承担保障、促进公民通信权的义务。20世纪90年代，电话通信依旧是通信的主流，但受到企业自身利益的影响，当时的电信运营部门并没有主动追求技术进步和区域间的互联互通，公民通信权的行

---

〔1〕 See Robert Alexy, Grundrechte als subjektive Rechte und als objektive Normen, in: ders, *Recht, Vernunft, Diskurs*, Frankfurt/M, S. 262; 另参见 Donald P. Kommers & Russell A. Miller, *The Constitutional Jurisprudence of the Federal Republic of Germany*, Duke University Press, 2012, pp. 60-61. 此外，欧洲人权法院亦强调国家对人权保障的义务，参见 K. U. v. Finland, Application No. 2872/02 (European Court of Human Rights, Dec. 2, 2008), para. 48.

〔2〕 参见［美］约翰·杜海姆·彼得斯：《奇云：媒介即存有》，邓建国译，复旦大学出版社2020年版，第17页。

使受到了极大的阻碍。为了化解电信运营部门的垄断和割据,国家制定政策法规成立中国联通公司,并且对其他的电信运营部门进行优化组合,相对强势的电信运营企业吸纳相对弱势的电信运营企业,形成了电信行业移动、联通、电信三足鼎立的良好局面,公民通信权在之后的几十年得到了快速发展和切实保障。数字化时代的今天,互联网企业之间相互设置壁垒,严重阻碍了公民通信权的行使。国家为此采取积极措施推进各个网络平台相互之间的互联互通,确保公民通信权的充分保障。如近年来,网络空间利益的分化导致各大网络平台之间相互设卡,为了各自的利益,相互屏蔽网址链接,严重侵害了公民获取信息的权利,降低用户体验,甚至危及互联网的良好生态。2021年9月9日,针对广大互联网企业存在的屏蔽网址链接问题,工信部约谈腾讯、华为、小米等互联网企业,要求其定期内在其相关平台中解除屏蔽,否则采取法律措施追究其法律责任。因此,实现互联互通、规范有序、公民通信权有效保障的网络环境,既是国家积极作为的义务,也应成为互联网行业的共识。

(二)通信权实现的社会责任

在数字时代,公民通信权的主要行使媒介是互联网,确切说是网络平台。网络平台通过代码组织社会公众,代码作为连接物理空间与网络空间的媒介相对于传统的媒介拥有更高的效率以及更强的可塑性,[1]网络平台由此动辄有成千上万的用户,每个人的跨越性人格实现了几何级增长的进步,网络平台也拥有了强大的"数字"社会权力。从经济理性角度观察,网络平台与互联网企业的主要目的是追求商业利益。逐利性使得广大

---

[1] 参见[美]劳伦斯·莱斯格:《代码:塑造网络空间的法律》,李旭、沈伟伟译,中信出版社2004年版,第112页。

网络企业具有滥用公民个人信息，阻碍公民正当通信权行使的动机。[1]如 2008 年阿里旗下的淘宝正式屏蔽百度的"蜘蛛爬虫"，从此网民不能通过百度网进入淘宝。随着网络平台企业的快速发展，在网络空间中相互割据的情况到 2010 年出现愈演愈烈的趋势，其中最为典型的是腾讯与"360"之间的斗争，在斗争白热化的阶段，网络用户必须进行"二选一"，如果要在电脑上保留"360"相关软件，就必须卸载腾讯 QQ。在网络平台的数量井喷式地增长之后，微信、淘宝、字节跳动短视频等互联网企业争相设置壁垒已经成为一个社会问题，这严重背离了网络媒介本身的属性和促进公民通信权的初衷。因此，网络平台企业之间的互联互通，是宪法通信权规范对相关企业提出的社会责任要求。

一定程度上，网络平台所具备的技术水平与能力有时甚至比国家还要强。面对数字技术的迅猛发展，国家在因应由此引发的治理问题相较于网络平台缺乏足够的技术和经验，也不具备核心技术和资本能力。因此，单单依靠国家的治理和规制远远不够，网络平台自身必须担负起保护公民通信权的社会责任。当前，网络技术与公民生活的结合日益紧密，网络平台已经渗透到经济、文教、医疗等生活的方方面面，掌握着"准数据权力"[2]，具有将公民个人信息予以快速整合的超强能力，其对于大数据的掌控提高了监控个人与侵害公民通信权的风险，平台与公民之间信息不对称也会导致公民在寻求法律救济的时候处于弱势地位。与此同时，公民的参与是网络平台得以正常运转的源头活水，如果网络平台不能够做到有效保护公民的个人

---

[1] 参见吴伟光：《平台组织内网络企业对个人信息保护的信义义务》，载《中国法学》2021 年第 6 期。

[2] See Jack M. Balkin, "Free Speech in the Algorithmic Society: Big Data, Private Governance, and New School Speech Regulation", *U. C. Davis Law Review*, Vol. 51, 2018, p. 1153.

信息以及保障公民通信权的正常行使,那么网络平台就会因为违反诚信原则而丧失用户的信任。就此而言,网络平台与公民之间的关系包含两种责任关系,一种是公法上的法律责任关系,当网络平台侵害公民的个人信息达到国家法律所规定的违法或犯罪的程度,毫无疑问这种情况下平台应当承担相应的法律责任;另一种是私法或社会法上的责任关系,也就是说,网络平台与公民之间的关系属于一种信义关系,相对于网络平台巨头,公民属于弱势的一方,公民在使用网络平台的过程中透露个人信息是基于对网络平台的信任,因此网络平台对于公民的个人信息应当积极承担起社会责任,担当网络空间中公民个人信息的"守门人",自我规范个人信息收集渠道,健全个人信息后期处理渠道,为公民个人信息的保护提供相应的技术资源。如查尔斯·蒂利所指出的,正是由于公民与网络之间的高度信任关系,才推进信任网络不断地推陈出新。[1]

概言之,在数字时代,通信权具有了新的技术内涵,智能技术将公民通信权行使提升到新的维度,国家既要积极监管,也要努力推进网络平台之间的互联互通,切实保障公民通信权。与此同时,通信权的保障需要网络企业积极承担起社会责任,网络平台企业在数字时代因具有技术优势而成为社会治理的重要主体,因此应当在积极发展网络通信技术,实现企业经济利益的同时,承担起保护公民个人信息的社会责任,推动形成通信权保障的国家主导与社会协同的良法善治的新格局。

四、我国通信权保护的基本法律体系

如前述,宪法通信权同时在历史和体系两个维度上展开。

---

[1] 参见[美]查尔斯·蒂利:《信任与统治》,胡位钧译,上海人民出版社2021年版,第19页。

在历史维度上，20世纪80年代初中国的社会生活中，通信权一度局限在邮政电报，而电视电话被视为发达国家的象征。到了21世纪的今天，网络智能科技的迅猛发展从根本上改变了人们对通信一词的认知。2020年我国颁布《中华人民共和国民法典》（以下简称《民法典》），适时规定了公民的信息权，2021年全国人大常委会先后出台《数据安全法》《个人信息保护法》，修订《中华人民共和国未成年人保护法》（以下简称《未成年人保护法》），增补了网络相关的条款。初看起来，个人信息权似乎是一种全新的权利类型，其实都在通信权的历史范畴之内。在体系维度上，通信权作为宪法上的基本权利具有多重功能维度，既是典型的主观权利，也是客观规范，后者是通信领域相关立法的根本法，由此生成了国家义务和社会责任。颇受争议的个体信息权益[1]究竟是私法权利，还是公法规范，就此通过宪法教义学上的历史解释获得确保法律体系安定性的解决。[2]通信权作为一个客观的宪法规范具体到部门法层面，既包括公法、私法，还包括社会法、经济法；在权利类型上，既包括宪法中其他基本权利，也包括法律中的个人信息权、数据权、算法知情权等。简言之，进入数字时代，新兴立法要与现行宪法体系之间形成一个统一的、连贯的、系统性的法治体系，

---

[1] 关于公民个人信息的性质界定，有学者认为个人信息不能算是一种独立的权利类型，应采用个人信息权益这样的笼统性说法，如周汉华：《个人信息保护的法律定位》，载《法商研究》2020年第3期。也有不少学者认为个人信息权是一种独立的权利类型，如王利明：《论个人信息权在人格权法中的地位》，载《苏州大学学报（哲学社会科学版）》2012年第6期；丁晓东：《个人信息私法保护的困境与出路》，载《法学研究》2018年第6期。本文采前者观点，因为通信权是实体法上个人信息权益的独立权利类型。

[2] 王锡锌教授所主张的个体信息受保护权以及国家保护义务，就此可以获得直接从宪法通信权角度进行论证的支持。参见王锡锌：《个人信息国家保护义务及展开》，载《中国法学》2021年第1期。

方可确保技术引发的社会变革与法治建设同步协调发展。

(一)通信权保护的宪法基础

从通信媒介表达的是人的无限延伸的权利来说,探寻通信权的宪法基础需要回溯到一般人权的层面。在《宪法》第40条通信权的规定之外,《宪法》第33条第3款规定的国家尊重和保障人权同样构成了通信权的基础。同时,《宪法》序言中规定国家的根本任务是集中力量进行社会主义现代化建设,就通信权作为一种媒介权利,依赖于技术进步实现通信现代化,《宪法》中实现社会主义现代化的规定也构成了通信权的基础。最后,在数字时代,公民通信权具有典型的涉外特征,《宪法》序言中规定的推进构建人类命运共同体构成了公民通信权在涉外法治方面的基础。

首先,《宪法》第33条第3款规定的国家尊重和保障人权与第38条规定的人格尊严不受侵犯共同为第40条的通信权条款的扩张解释提供了依据。[1]一般认为,人权是先于民族主权国家及其法律规范的存在,宪法中的人权条款的功能在于对未列举基本权利的保护以及对现有基本权利重新解释提供合法性基础。宪法上未列举的基本权利具有多样性,有些基本权利是综合的,有些基本权利是单项的,其判断的核心基准在于人权理念。[2]宪法上的基本权利实质上是人权的制度化,基本权利表明了宪法自身的目的,人权总是可以作为基本权利的标准,根据我国《宪法》中尊重和保障人权的宪法条款,对公民基本权利进行符合时代特征的解释便有了宪法上的基础。[3]我国《宪

---

[1] 参见焦洪昌:《"国家尊重和保障人权"的宪法分析》,载《中国法学》2004年第3期。

[2] 参见韩大元:《宪法文本中"人权条款"的规范分析》,载《法学家》2004年第4期。

[3] 参见张翔:《论人权与基本权利的关系——以德国法和一般法学理论为背景》,载《法学家》2010年第6期。

法》中人权的含义不仅具有宪法条款的形式表现而且具有规范意义，形式意义表现为内部统摄与外部相互构成的宪法条款，规范意义表现为国家伦理的拟人化塑造。[1]因此，我国《宪法》中国家尊重和保障人权的条款是宪法通信权扩张解释的基础，属于通信权保护法律体系的重要组成部分。

其次，我国《宪法》序言中明确规定，国家的根本任务是，沿着中国特色社会主义道路，集中力量进行社会主义现代化建设。对于现代化建设，《宪法》序言中还进一步规定了逐步实现工业、农业、国防和科学技术的现代化，两者共同构成了社会主义现代化建设的宪法规定。从体系解释的角度，四个现代化是社会主义现代化最为集中而又深刻的表达，通信媒介技术的现代化是其中的重要内容。邓小平同志将社会主义现代化比作是"一场深刻的伟大革命"。[2]我国的社会主义现代化建设并不是自下而上进行的，而是国家作为推进现代化进程的义务主体为现代化的实现提供物质保障与技术保障。保障公民的通信权，发展通信技术保障公民跨人格权与媒介权，是国家在推进现代化进程中义不容辞的责任。

最后，通信媒介不仅具有跨人格性，还具有跨国家性与跨空间性。[3]通信科技的迅猛发展意味着主权国家面临着一个更为复杂的国际环境，通信权所实现的跨越性人格对应的是超出主权国家范围的共同体。我国《宪法》第五次修正案在序言中增加了推动构建人类命运共同体的规定，在数字时代，人类命运共同体既包括现实世界的人类命运共同体，也包括网络空间

---

[1] 参见柳建龙：《论宪法漏洞的填补》，载《政治与法律》2020年第11期。
[2] 参见邓小平：《解放思想，实事求是，团结一致向前看》，载《邓小平文选》（第2卷），人民出版社1994年版，第152页。
[3] 关于网络空间的跨人格性、跨国家性与跨空间性，参见张龑：《网络空间安全立法的双重基础》，载《中国社会科学》2021年第10期。

命运共同体。在第二届世界互联网大会上,习近平总书记提出了"网络空间命运共同体"理念,各国应该共同构建网络空间命运共同体,推动网络空间互联互通、共享共治,为开创人类发展更加美好的未来助力。[1]宪法通信权由此具备了目的理念的维度,即不仅是一项主观权利、国家义务以及社会责任,而且它的目的在于构建面向未来的人类命运共同体,国家主权立宪意志与网络空间命运共同体构成了通信权的双重宪法基础。

(二) 通信权保障的基本法律体系

作为一国之根本法,宪法是一个历史与当下的统一体。我国《宪法》对于通信权的基础、内容以及未来发展都提供了规范依据,这些宪法规定成为各个部门法关于国家对网络通信与数字社会治理的根本法和起点。在通信媒介革命的数字时代,宪法通信权以自身为起点,同《宪法》中的其他条款一道构成了通信法律体系的顶层架构,以此为基础,进一步展开为一个从上而下、逐级具体化的开放的通信法律体系。目前来看,这一通信权为核心的法律体系在于:在宪法的顶层架构之下,以《个人信息保护法》《数据安全法》等为基本法律,其他公法、私法、社会法等法律部门中关于通信权保障的相关法律、法规或条款为主要内容,共同构成了通信权保障的法律体系。

首先,《个人信息保护法》与《数据安全法》可谓是数字时代通信权保障的基本法。如前述,数字时代的通信媒介不再是邮箱电报,而是数据信息算法等,个人信息权、数据权等成为数字时代的通信权的具体形态。严格来说,《数据安全法》并没有规定公民的数据权益,更多的是国家的安全义务以及企业的社会责任。从其调整对象来看,该法的第3条第1款规定数

---

[1] 参见习近平:《在第二届世界互联网大会开幕式上的讲话》,载《人民日报》2015年12月17日,第2版。

据是指任何以电子或者其他方式对信息的记录,这一规定清楚地揭示了数据本身的跨越性特征,即跨空间和跨人格性。在网络空间中,公民以数据作为媒介实现其人格的充分拓展。也是因此,数据权虽然可能与一定的经济利益挂钩,却并不应当简单地认定为一种民事财产权利,[1]而是一种具有人格属性和公共安全特征的权利。《个人信息保护法》是我国个人信息保护立法的集大成者,该法明确规定了保护公民个人信息的基本原则,规定了国家在使用公民个人信息的活动程序与规范,明确规定保护公民的敏感信息。但是,《个人信息保护法》属于私法还是公法,并非没有争议。数字时代技术的发展将公民的通信达到了前所未有的高度,如何实现公民通信与个人信息保护的有机平衡是《个人信息保护法》所致力于回答的问题,[2]因而,这部法律实质上是《数据安全法》在个人信息保护领域的延伸,是一部具有公法属性的保护公民通信权基本法律。《个人信息保护法》对公民的个人信息权作出了更为具体的规定,包括一系列子权利,如查阅权、复制权、异议权、更正权、删除权、知情权、决定权以及可携带权等权利,这使得公民通信权的内涵进一步丰富发展。同时,《个人信息保护法》也为监管机关与企业的合规体系的建立完善奠定了法律基础,是中国数字治理领域的重要章程。

其次,2020年颁行的《民法典》为公民通信权保护奠定了私法基础。界定隐私权与个人信息权的界限确有必要,[3]《民法典》中规定了隐私权,隐私权与通信权密切相关通信内容可以

---

[1] 参见梅夏英:《在分享和控制之间 数据保护的私法局限和公共秩序构建》,载《中外法学》2019年第4期。

[2] 参见周汉华:《探索激励相容的个人数据治理之道——中国个人信息保护法的立法方向》,载《法学研究》2018年第2期。

[3] See A. L. Newman, *Protection of Privacy*, Cornell University Press, 2008, p24.

界定为公民的隐私。将个人信息权界定为一项民事权利,原因在于隐私权并不能涵盖个人信息保护的全部范畴。[1]但是,隐私权所保护的是公民的个体人格,但是个人信息权数据权保护的是跨人格,因此如何协调个体人格与跨人格之间的张力是现代通信法律体系必须迫切回答的问题。个人信息权指的是民事主体对其个人信息予以支配和决定的权利,民事主体既具有保护个人信息不受非法侵犯的权利,也有公开、使用个人信息的权利,[2]《民法典》第111条明确规定了公民的个人信息权,[3]此外,《民法典》第1037条规定了个人信息主体对个人信息享有查阅权、复制权、异议权、更正权与删除权等几项权利。《民法典》中第111条与1037条是我国通过私法模式保障公民个人信息权的私法基础。私法保障公民个人信息存在缺陷,所以公民通信权需要公法的保障。[4]

再其次,保障公民通信权的公法可以分为两种类型:一种是国家积极承担保障公民通信权义务的法律或行政法规等;另外一种是消极意义上对侵害公民通信权的行为予以法律制裁的法律。就前一种来说,我国主要通过行政手段促进公民通信权的实现,行政法规与部门规章以及相关政策性规定为公民通信权的保障提供了更为详细、更为技术性、更具有可操作性的法

---

[1] 参见王利明:《论个人信息权的法律保护——以个人信息权与隐私权的界分为中心》,载《现代法学》2013年第4期。

[2] 参见王成:《个人信息民法保护的模式选择》,载《中国社会科学》2019年第6期。类似也参见张新宝:《〈民法总则〉个人信息保护条文研究》,载《中外法学》2019年第1期。

[3] 参见《民法典》第111条规定,自然人的个人信息受法律保护。任何组织和个人需要获取他人个人信息的,应当依法取得并确保信息安全,不得非法收集、使用、加工、传输他人个人信息,不得非法买卖、提供或者公开他人个人信息。

[4] 参见吴伟光:《平台组织内网络企业对个人信息保护的信义义务》,载《中国法学》2021年第6期。

律规定。[1]此外,国务院、工信部等有关部门连续颁布了鼓励扶持电信产业发展的若干政策性文件,这是国家主动承担推进现代化的国家义务,保障公民通信权的重要体现。[2]对于后一种,保障通信权的公法主要是以制裁违法侵权行为的形式出现,对于侵害公民各种类型的通信权分别在行政法与刑法中规定了相应的行政责任与刑事责任。[3]

最后,通信权具有的跨人格属性决定了单纯依靠私法或者是公法单方面就能实现对其的保护。随着数字科技的发展与进步,介乎于公法与私法之间的社会法也成为保障公民通信权的主要阵地。社会法领域不乏涉及保障通信权的法律规范,如《中华人民共和国消费者权益保护法》(以下简称《消费者权益保护法》)、《中华人民共和国电子商务法》(以下简称《电子商务法》)中为保障公民个人信息权保护提供了法律制度,[4]2020年修订的《未成年人保护法》专设未成年人网络保护一章,国家直接介入未成年人在网络空间中的保护,防止未成年人沉迷于网络,通过对网络平台的监管,对与未成年人密切相关的信息内容风险、个人信息泄露风险、网络游戏沉迷风险、网络欺凌

---

[1] 1997年公安部发布的《计算机信息网络国际联网安全保护管理办法》(已被修订),2000年通过的《电信条例》(已被修订),2000年公布的《互联网信息服务管理办法》(已被修订),2005年发布的《电信服务规范》。

[2] 近年来国务院推进网络通信基础设施的政策性文件,2015年国务院发布的《中国制造2025》;2015年国务院发布的《关于积极推进"互联网+"行动的指导意见》;2016年中共中央办公厅、国务院办公厅印发的《国家信息化发展战略纲要》;2017年国务院印发的《关于深化"互联网+先进制造业"发展工业互联网的指导意见》;2018年工信部印发的《推动企业上云实施指南(2018-2020年)》。

[3] 参见《中华人民共和国刑法》第253条之一,该条规定了侵犯公民个人信息罪。

[4] 参见《消费者权益保护法》第14条、第29条,《电子商务法》第25条、第87条。

风险等提供强有力的保护。[1]针对网络平台之间互相设置壁垒阻碍、阻碍公民通信权充分实现的行为，《中华人民共和国反不正当竞争法》与《中华人民共和国反垄断法》对网络平台的阻碍竞争与垄断行为进行规制。[2]

五、结语

纵观通信权发展历史，通信权作为一项宪法权利的制度史与通信技术发展进步史往往是同频共振的。我国宪法中的通信权规定是从国外移植而来，但在我国自身的现代化进程中同样展现出通信权的历史演进与体系内涵。宪法通信权的法哲学基础在于，它是每个人人格无限延伸跨越性人格权与特定时代特定媒介技术相结合而产生的基本权利，这两方面内涵密不可分，在不同的技术时代呈现出不同的具体权利形态。单纯将宪法的通信权理解为个体人格权，或者将其与特定的通信媒介技术绑定的定义，都没有准确把握通信权的本质内涵，需要对宪法通信权作更为一般性的解释，即在现代科技持续进步的背景下，对这一权利作出历史的、体系的以及合目的的法律解释。

对于我国来说，数字时代的技术革命引发了一系列新的立法和权利形态，对我国的法治体系建设提出重大挑战，亟须构建一个具有历史张力和体系完整的通信立法体系。从《宪法》作为国家最高效力的根本法来说，宪法通信权不仅是防御权，也是一项国家义务以及各类网络平台的社会责任。为了充分保障宪法通信权，就需要形成一套严密的法律体系，既包括传统的通信技术领域的相关权利，也积极回应当下日新月异的智能

---

[1] 参见《未成年人保护法》第64条~第80条。
[2] 参见杨东：《论反垄断法的重构：应对数字经济的挑战》，载《中国法学》2020年第3期。

科技发展形成的新型权利。据此，当前我国的通信权法律体系应该以《宪法》中通信权、人权保障等条款为引领，以《个人信息保护法》《数据安全法》等为基本法律，其他公法、私法、社会法等法律部门中关于具体的通信权保障的法律、法规、条文等。

个人信息的宪法财产权保护

谢立斌　李　艺[*]

随着信息技术的飞跃发展，人类步入信息时代。以个人电脑、智能手机为代表的各类电子产品以前所未有的速度和广度时时刻刻记录个人生活留下的物理和电子痕迹，形成大量个人信息。个人信息的滥用构成巨大的风险，这促使各国高度重视个人信息保护。目前学术界较为一致的观点是，个人信息具有重大经济价值，是信息经济中最重要的资源之一。[1]但是，对于个人信息中经济价值应当如何分配，学术界尚未达成一致，目前主要存在以下几种观点。第一，信息的经济价值应当

---

[*] 谢立斌，中国政法大学中德法学院院长，教授、博士生导师，法学博士；李艺，北京大学国际法学院博士后。

[1] 正如有学者明确提出的那样，无论从数据产业发展，还是从经济学原理来看，个人数据具有经济利益。（参见郭如愿：《个人数据的经济利益论与财产权利构建》，载《电子知识产权》2020年第5期。）目前学术界提出的信息财产权抑或是数据财产权的主张，正是以个人信息中的经济价值为基础的。（参见龙卫球：《数据新型财产权构建及其体系研究》，载《政法论坛》2017年第4期；纪海龙：《数据的私法定位与保护》，载《法学研究》2018年第6期；等等。）值得一提的是，主张采用人格权路径对个人信息抑或是个人数据进行保护的学者，也同样承认个人信息蕴含大量经济价值。例如，程啸提出，自然人就其个人信息享有的人格利益和经济利益都可以通过作为人格权益的个人信息权益予以涵盖并保护，无需再确认作为财产权的个人信息权益。（参见程啸：《论我国民法典中个人信息权益的性质》，载《政治与法律》2020年第8期。）

归属企业所有。例如，有学者依据"数据生产"理论，认为数据或者信息中的经济价值是由企业所生产、创造的，因而应当由企业来享受个人信息中的经济价值；[1]有学者根据产权安排的成本—收益分析认为，如果将数据产权划分给消费者，那么成本和收益的分析都将不复存在，相反如果把数据产权划分给企业，却能通过较小的成本获得较大的收益；[2]还有学者以法经济学产权确立的四个基本规则为基础，认为无论是根据先占规则、附属规则还是创造规则，企业都应当拥有个人数据产权，而公平规则在这里并不适用，并不能基于公平的考量而将个人数据产权赋予个人。[3]第二，信息的经济价值应当归属个人所有。例如，有学者认为应当赋予个人信息财产权，使个人能够支配其信息蕴含的商业价值；[4]有学者则指出，个人应当基于对其信息的人格利益而进一步享有其信息中的财产利益，也即，个人信息中的经济价值应当划归于个人而享有；[5]还有学者也提出，尽管数据信息的共享已经成为大势所趋，但是共享中的数据信息的权利仍然应该归属于信息权利人个人所有，未经信息权利人的同意，信息共享的行为不得实施。[6]第三，企业和个人分享信息的经济价值。例如，有学

[1] 参见高富平：《数据生产理论——数据资源权利配置的基础理论》，载《交大法学》2019年第4期。
[2] 参见陈永伟：《数据产权应划归平台企业还是消费者？》，载《财经问题研究》2018年第2期。
[3] 参见张玉屏：《个人数据产权归属的经济分析》，载《江西财经大学学报》2021年第2期。
[4] 参见刘德良：《个人信息的财产权保护》，载《法学研究》2007年第3期。
[5] 参见任丹丽：《民法典框架下个人数据财产法益的体系构建》，载《法学论坛》2021年第2期。
[6] 参见王利明：《数据共享与个人信息保护》，载《现代法学》2019年第1期。

者将信息数据划分为"敏感个人数据"与"普通个人数据"两种类型,将"敏感个人数据"中的经济利益分配给公民个人所有,将"普通个人数据"中的经济利益配置给企业和个人共同共有;[1]有学者将数据信息划分为基础数据和增值数据,认为基础数据中的经济利益应当归属于用户个人所有,而增值数据中的经济则应当归属于企业所有;[2]还有学者认为应当首先遵循"捕获规则"将信息的经济利益分配给数据企业,然后再遵循"关联规则"将敏感信息的经济利益分配给公民个人[3]。学者们之所以持有这些不同观点,归根结底源自研究方法和研究视角的差异。鉴于个人信息中的经济价值可能触发多方主体之间的冲突,为了定分止争,立法应当对相关经济价值的分配作出妥善安排。那么,立法者应当依照何种原则决定个人信息之上经济利益的归属,应当采取何种保障路径呢?宪法对此提供了基本的价值指引。据此,本文尝试从宪法层面探讨个人信息的经济价值的分配问题,之后对我国实证法层面的相关规定进行考察,最后从法政策学角度提出未来立法的完善方向。

一、个人信息的经济价值及其归属

(一) 个人信息的经济价值

所谓个人信息,就是指那些能够识别个人身份的信息。从两

---

[1] 参见黄铠:《大数据时代个人数据权属的配置规则》,载《法学杂志》2021年第1期。

[2] 参见丁道勤:《基础数据与增值数据的二元划分》,载《财经法学》2017年第2期。

[3] 参见许可:《数据权属:经济学与法学的双重视角》,载《电子知识产权》2018年第11期。

个方面来看，个人信息具有重大经济价值[1]：一方面，人类社会步入信息经济时代之后，大数据具有广泛用途，已经成为信息经济时代的关键资源，而个人信息在不同程度上构成大数据的组成部分，从而也就具有相应经济价值。例如，电子地图经营者通过收集、整理车辆行驶的实时速度，能够提供实时路况信息提供躲避拥堵的导航服务，创造新价值；企业对自己的客户群体进行分析，可以归纳出客户群体的特征，并利用这些特征识别潜在客户群体，对其进行针对性的高效营销，甚至通过互联网误导行为促进其作出并不理性的消费决策[2]。诸如汽车行驶数据、实时行驶速度、客户群体信息等大数据在不同程度上包含了个人信息。既然大数据具有经济价值，那么作为其组成部分的个人信息也就具有相应的经济价值。

对于这一结论可以提出两种质疑。首先，人们可以主张，大数据经过挖掘之后产生的增值数据才具有经济价值，大数据本身并没有经济价值，因此，作为大数据组成部分的个人信息也就没有价值。固然增值数据才具有直接的经济价值，但是，如果没有用于挖掘的大数据，增值数据就成为无源之水、无本之木，根本无从产生。在这种意义上，大数据可以视为某种原材料，增值数据则是对这种原材料进行加工之后形成的最终产品。只要最终产品是有价值的，那么原材料也就具有相应的价值。其次，在承认大数据本身具有经济价值的前提之下，人们可以继续质疑作为其组成部分的个人信息具有经济价值。大数据通常包含大量用户的个人信息，单个用户的个人信息在海量

---

[1] 参见杨惟钦：《价值维度中的个人信息权属模式考察——以利益属性分析切入》，载《法学评论》2016年第4期。

[2] 参见段泽孝：《人工智能时代互联网诱导行为的算法规制》，载《江西社会科学》2019年第2期。

数据之中只是沧海一粟，其相应的经济价值可以忽略不计。这种看法看似有一定合理性，实际上也不成立。大数据只要是包含了任何人的个人信息，那么其个人信息作为大数据的组成部分，也就具有相应的价值，而无论这一价值是多么微乎其微。

另一方面，无论个人信息是否构成特定大数据的组成部分，都具有独立的经济价值，可以通过各种方式、在各行各业中得到商业利用。对企业而言，商业成败的一个关键因素就是找到潜在客户并进行适当的区分对待。为了甄别出潜在客户，企业需要收集非客户群体的个人信息并进行分析，判断其是否符合已有客户群体的特征。如果符合，则意味着可以尝试通过各种营销手段将其发展为自己的新客户。在找到潜在客户之后，企业为了规避风险，追求盈利最大化，还需要继续依赖潜在客户的个人信息，进行适当区分对待。在一些行业中，企业必须挑选其顾客，以降低和规避风险。例如，对于金融机构而言，向信用良好、还贷能力强的个人提供贷款才能够盈利，向信用不佳者提供贷款可能带来巨大损失。即便在其他一些按照一手交钱一手交货模式进行交易的行业中，顾客个人信息仍然具有不可低估的价值。这些企业只有基于顾客的个人信息来区分产品的受推崇程度，才能够在产品设计、广告宣传等方面重点关注忠实追随者，按照其喜好设计产品，随时向他们发布最新产品信息，促使其进行购买。

（二）个人信息经济价值的归属：一个新问题

数据企业大规模收集个人信息并将其用于盈利是一个新现象，尚不存在调整个人信息经济价值归属的法律规则。在实践中，数据企业凭借其技术优势，往往直接收集用户的个人信息并将其用于盈利。这种事实上的利益分配格局有利于数据企业，并为其所赞同。[1]然而，从实然不能够导出应然，现有实际做法是否具有正当性，有待澄清。对于任何一项经济利益，都应当存在明确的归属规则，以避免争议，并在争议出现时予以妥善解决。有鉴于此，立法者应当积极作为，改变在这个领域无法可依、放任事态发展的局面。由于尚不存在相关法律规范，立法者不必考虑与相关法律的衔接问题。立法者具有保障宪法实施的职责，必须确保法律的合宪性，因此，立法者主要应当考察宪法上的相关规定，在宪法框架内确定个人信息经济价值的归属。下文就从宪法角度，探讨立法者应当如何规范相关利益分配问题。

二、宪法视野下的个人信息经济价值归属

立法者规范个人信息经济利益归属时，应当关注所有相关宪法条文可能提出的规范要求。对宪法全文进行梳理之后，本文认为，我国宪法上的社会主义制度、按劳分配制度、对经济发展的规定以及平等权条款可能提出了相关规范要求。下文围绕这些宪法规范，逐一进行考察。

（一）社会主义制度

社会主义制度作为我国的根本制度，具有丰富而深刻的内涵。其中，维护社会公平正义是社会主义的核心理念之一。[2]为了追求社会公正，公权力应当限制强者，扶持弱者，调和社

---

[1] 百度公司董事长兼CEO李彦宏的观点具有一定代表性。其于2018年3月26日出席中国高层发展论坛，就用户个人信息保护问题发表如下观点："我想中国人可以更加开放，对隐私问题没有那么敏感。如果他们愿意用隐私交换便捷性，很多情况下他们是愿意的，那我们就可以用数据做一些事情"，载https://new.qq.com/omn/20180326/20180326A0RJBF.html，最后访问日期：2019年7月17日。

[2] 参见韩大元：《中国宪法上"社会主义市场经济"的规范结构》，载《中国法学》2019年第2期。

会对立。为此，立法者在规范数据企业和信息主体之间关系时，应当关注两者之间的力量对比关系，避免其失衡。

毋庸置疑，数据企业相对于信息主体在多个方面明显处于优势地位。首先，两者之间信息严重不对称，这就使得数据企业在与用户的关系中处于"知己知彼"的状态，能够最大程度上追求自己的利益。具体而言，在用户上网、使用各种服务时，数据企业通过账号、IP地址等方式，通常能够识别并跟踪用户身份，对其浏览和消费等行为进行记录，形成用户档案。通过其收集的用户个人信息，信息主体得以了解用户，其了解程度甚至可能超过用户对自己的了解。相比之下，信息主体往往并不知道数据企业收集个人信息的方式和规模，也不能确切知悉其个人信息被利用于何种目的，更谈不上采取针对性的策略（如通过使用无痕浏览、隐藏IP地址等方式防止数据企业识别自己的身份）防止自己的个人信息被收集。其次，信息经济的一个典型现象是众多领域都出现少数企业瓜分市场，甚至一个企业一家独大的情况，在这一背景之下，用户并不享有在众多竞争者之间进行选择的自由，而往往只能接受特定数据企业的服务，或者得不到相应的服务。面对往往具有垄断地位的数据企业，用户并不具备相对平等的议价能力。企业利用其优势地位在交易中规定不合理条件的，用户往往也只能接受，以免自己根本得不到相应服务。

鉴于数据企业相对信息主体的明显优势地位，国家应当对前者进行限制，对后者予以扶持。就个人信息之上的经济利益而言，如果立法者确认由数据企业享有这一利益，那么无疑将增强其优势地位。由此可见，为了维护社会公正，立法者应当将个人信息之上的经济利益赋予信息主体，而不是赋予数据企业。

(二) 按劳分配制度

个人信息经济价值的归属归根到底是一个分配问题，应当遵守宪法确立的分配制度。《中华人民共和国宪法》（以下简称《宪法》）第 6 条第 2 款规定了按劳分配为主体、多种分配方式并存的分配制度。在多大程度上进行按劳分配，对收入平等状况产生影响。有实证研究表明，我国过去 20 年来，劳动收入份额上升，则收入更加平等，劳动收入份额下降，则收入更加不平等。[1]就此而言，这一分配制度在立法和司法层面得到了具体化。在立法上，《中华人民共和国劳动法》（以下简称《劳动法》）等多部相关法律保障劳动者权益；一些专门法律则对一些特别类型的劳动成果提供保护。例如，通过在《中华人民共和国著作权法》（以下简称《著作权法》）中规定文学、艺术和科学作品作者享有相关权益，立法者在著作领域贯彻了按劳分配制度。在司法层面，法院适用相关法律来保护劳动者的权益，执行按劳分配制度。那么，我们应该如何理解按劳分配制度呢？鉴于我国宪法确立的按劳分配制度可以经马克思主义追溯到洛克的劳动价值论，洛克的相关论述具有一定参考意义。根据洛克的论述，在上帝给予人类的、为人类所共有的东西中，只要个人使任何东西脱离自然状态，他就已经掺进了他的劳动，因而使它成为自己的财产。通过劳动，个人就使得一件东西脱离了自然所安排给它的一般状态，从而排斥了其他人的共同权利。[2]将洛克理论运用于本文关心的问题，意味着需要考察谁进行了劳动。在信息主体和数据企业之间，付出劳动者就应当

---

〔1〕 参见汤灿晴、董志强：《劳动收入份额和收入不平等存在相互影响吗》，载《当代财经》2019 年第 8 期。

〔2〕 参见［英］洛克：《政府论》（下篇），叶启芳、瞿菊农译，商务印书馆 2009 年版，第 19 页。

享有个人信息的经济价值。从信息主体的角度来看，正是其日常行为产生了相应的个人信息。例如，个人进行消费需要投入时间精力，完成商品的比较、选择、决策和购买行为，最后才形成相关消费记录。从这个角度来看，购物等日常行为似乎构成了个人信息得以形成的劳动，个人信息的经济价值应当归其所有。然而，从这个角度来看待劳动，和人们通常所理解的劳动概念存在重大差异。劳动是"人类创造物质或精神财富的活动"[1]，因此，个人的日常行为中，只有"创造物质或精神财富的活动"才构成劳动，可以作为按劳分配的依据，除此以外的日常行为都不构成劳动。虽然个人出行、购物等日常行为是形成有关信息的基础，但是，这些行为并不构成按劳分配制度意义上的劳动。由此看来，个人不能援引洛克意义上的劳动价值论，主张有关信息的经济价值归自己所有。[2]

相比之下，数据企业以创造物质财富为目的，利用现代科技手段记录各种个人信息，并对其进行大数据分析、挖掘和利用，最终创造出新的经济价值。显而易见，数据企业的行为是符合前述劳动定义的，因此，个人信息的经济价值似乎就应当属于数据企业。[3]然而，这种观点也与洛克的劳动价值论相冲突。洛克讨论的是人们如何能够把人类共有的东西变成自己的财产。在他看来，世界是人类共有的，由勤劳和有理性的人们利用，而劳动就使人取得对土地和其他共有的东西的权利。任何人只能对原来人类所共有的东西据为己有，而不能通过劳动

---

[1] 参见中国社会科学院语言研究所词典编辑室编：《现代汉语词典》，商务印书馆2012年版，第815页。

[2] 参见吴伟光：《大数据技术下个人数据信息私权保护论批判》，载《政治与法律》2016年第7期。

[3] 参见牛彬彬：《个人数据权效力体系研究》，载《江西财经大学学报》2020年第5期。

来获得他人所有的东西。[1]按照这种看法，只有在自然人的个人信息由人类共有的情况下，企业才有权进行收集并使其成为自己的财产。那么，人们的个人信息是否为人类共有呢？洛克在其所处时代不可能对此展开探讨，但明确指出个人对自己的人身享有所有权，除他以外的任何人都没有这种权利。[2]本文认为，个人信息构成人身的延伸，原则上应该和人身一样归个人所有。退一步而言，即便我们暂时放弃个人信息归个人所有的观点，无论如何，个人信息不可能属于全人类所有，否则个人不可能有任何隐私，这无疑将违反最基本的常识。由此可见，由于个人信息并非人类共有的东西，数据企业并不能够依照洛克的劳动价值论，基于其收集和利用行为而获得相应的权利。[3]

综上，从按劳分配的视角来看，个人的日常行为不构成作为分配依据的劳动，个人不能基于自己的日常行为而享有个人信息之上的经济价值。对企业而言，其只能通过劳动，将属于人类共有的东西变为自己的财产，鉴于个人信息并非为人类所共有，因此，企业收集个人信息的行为并不导致其获得相关权益。由此可见，从宪法规定的分配制度中，得不出个人信息的经济价值应当归属于哪一主体的结论。

（三）经济发展

促进经济发展是国家应当追求的一个重要目标，这在《宪法》文本中有多处体现：序言第七段规定要发展社会主义市场经济，把我国建设成为富强民主文明和谐美丽的社会主义现代

---

[1] 参见［英］洛克：《政府论》（下篇），叶启芳、瞿菊农译，商务印书馆2009年版，第21页。
[2] 参见［英］洛克：《政府论》（下篇），叶启芳、瞿菊农译，商务印书馆2009年版，第18页。
[3] 根据这一原理，数据企业通过收集、挖掘属于公共领域的信息（如政府向社会公开的信息）创造出的经济价值应当由企业享有。

化强国;《宪法》第一章第7条、第8条、第11条分别规定国家保障国有经济的巩固和发展;鼓励、指导和帮助集体经济的发展;鼓励、支持和引导非公有制经济的发展。此外,第一章第14条规定国家发展社会生产力;第二章所规定一系列社会基本权利保障水平的提高,也以经济发展为前提。鉴于促进经济发展的宪法目标对所有公权力行为有拘束力,立法者作为公权力行使者,应当确保法律规定有利于这一目标的实现。基于这一原理,在规范个人信息经济价值归属时,立法者应当采取最有利于经济发展、首先是信息经济发展的制度设计。

从促进经济发展的角度看,为了促进经济发展,应当使资源得到充分利用,尽可能用于创造社会财富。数据主体没有能力将个人信息用于创造新价值。个人信息要发挥效用,就必须能够流通到数据企业手中,否则将导致社会资源的浪费。有鉴于此,如果在个人信息之上设立财产权益并将其赋予数据主体,则将导致两个问题。首先,由于数据企业只有经过用户同意之后才能够获取并利用个人信息,在用户不同意的情况下,个人信息无法流通到数据企业,后者巧妇难为无米之炊,也就无法创造社会财富,而这又进一步减损了个人信息原本具有的价值。[1]其次,即使在用户同意、个人信息能够流通到数据企业的情况下,这种制度安排使得企业需要承担额外成本。这一成本包括支付给数据主体的对价以及交易成本。在成本增加的情况下,数据经济的发展就将受到影响。特别需要指出的是,如果数据企业支付给用户的对价,只是一个社会内部的分配问题,并不增加或者减少社会财富的总量,那么,数据企业承担的交易成本,则直接导致社会财富总量的减少。根据科斯定理,交易是

---

[1] 参见纪海龙:《数据的私法定位与保护》,载《法学研究》2018年第6期。

有成本的。为了提高资源分配效率,应当将资源分配给最能够对其进行高效利用的主体,从而使得整个社会节约相应的交易成本。根据这一原理,如果直接将个人信息的经济价值分配给数据企业,则数据企业无须与数据主体进行交易,从而使得数据企业也就是整个社会无须支付交易成本。相反,如果将相关权益赋予个人,则数据企业首先需要与个人进行交易,从而间接使得整个社会来承担——本来可以避免的——交易成本。由此看来,为了使个人信息这一生产要素得到有效利用,促进数据经济的发展,避免交易成本,个人信息的经济权益就应当赋予数据企业来享有,即应当允许数据企业在未经用户同意的情况下直接进行个人信息的收集和利用,以此促进经济发展。实践中,一些数据企业未经用户明确许可而收集和利用其个人信息的商业模式,一定程度上表明了这种产权分配模式所可能具有的优点。例如,百度公司利用网络技术识别用户的身份并对其网络行为进行跟踪,对用户搜索时所输入的关键词进行记录和分析,推导出用户的兴趣爱好、个人需求等,并在用户访问百度广告联盟网站时,在用户浏览的网页上投放量身定制的广告。在这一经营模式中,百度获得巨额广告收入,有关商品和服务提供商通过精准的广告投放提高营销业绩。相关用户的个人信息,就被用来创造了新的社会财富。相反,如果向用户投放广告之前要经过其授权,甚至要将收益与用户分享,那么,这种广告模式将举步维艰、无利可图,最终导致广告业的产值降低,相关企业无法通过这种新型的精准广告投放提高营销业绩。在这种制度安排之下,社会财富总量的增加将受到消极影响。由此看来,实践经验似乎说明,为了促进信息经济的发展,应当将用户个人信息的经济利益分配给数据企业。

然而,上述分析没有全面考虑社会财富创造过程中的所有成本，得出的结论并不正确。只有在社会整体的产出大于成本的情况下，才产生新的社会财富。在判断产出是否大于成本时，应当将所有社会成员承担的所有成本统计在内，而不能只限于关注企业承担的成本。就数据企业利用个人信息进行的精准广告投放甚至进行互联网诱导行为而言，在评估其对社会财富增长的贡献时，应当将企业、用户和公众等所有主体承担的所有成本考虑在内。前述分析只考虑数据企业所承担的成本，而忽略了用户和公众承担的成本。对个人而言，在其个人信息泄露之后而收到的定向邮件、电话、手机短信推销和电脑弹出广告，往往构成极大的干扰。不堪其扰的用户会投入时间精力学习如何防范定向广告，甚至付费购买防止骚扰广告的服务。由此可见，如果允许企业免费收集和利用用户的个人信息，虽然能够为企业本身带来经济收益，但这种模式只是将成本转嫁给用户和公众，其对社会财富增长的贡献是存疑的。从这个角度来看，允许企业无偿使用他人个人信息的商业模式存在严重的外部性问题，即企业享有全部收益，但是没有承担全部成本。为了解决这个问题，唯一的办法就是外部成本的内部化，即明确由信息主体享有其个人信息的经济利益，从而使得企业必须支付对价才能够利用他人个人信息。通过这一机制，就能够确保企业承担所有成本。从社会整体的角度来看，只有在企业支付对价之后仍然能够实现盈利的情况下，其才增加了整个社会的共同财富。当然，将个人信息的经济权益赋予数据主体的确会导致交易成本的增加。然而，鉴于直接将相关权益赋予数据企业的情况下，将导致数据经济行业的野蛮生长，对个人权益产生过大消极影响，因此两害相权取其轻，增加由整个社会承担的交易成本，仍然是合理的。

总而言之，为了促进经济发展，根据科斯定理，似乎应当将个人信息之上的经济利益分配给数据企业。然而，从社会整体的角度来考虑，数据企业所有成本应当内部化，应当由信息主体决定其是否授权企业收集并利用其个人信息。只有在这种情况下企业仍然能够获得盈利的，企业才促进了社会整体利益。由此可见，由信息主体享有其个人信息之上的经济价值，更加符合经济发展的需要。

(四) 平等原则

从基本权利的角度来看，我们应当关注宪法平等条款提出的规范要求。《宪法》第 33 条第 2 款规定中华人民共和国公民在法律面前一律平等，这既保障了公民的一项基本权利，同时也确立了公权力应当遵守的一项重要宪法原则。平等条款要求国家对实质相同情况同等对待，对实质不同情况进行区分对待。当然，世界上没有两片完全相同的树叶，任何两种情况之间必然存在差异。判断两种情况属于实质相同或者不同情况，关键在于有关差异在具体语境中是否具有法律意义；如果答案是否定的，两种情况就是实质相同的，应当相同对待；相反，如果有关差异具有法律意义，则相关情况属于实质上不同情况，应当区分对待。基于这一原理，下文分析个人信息分别与肖像权、与商业秘密是否属于实质相同情况，是否应当予以相同处理。

个人信息和肖像是否属于实质相同情况？两者无疑都可以用来盈利：数据企业利用个人信息进行大数据挖掘而产生增值数据、发布定向广告，得以实现经济利益；传统企业使用他人肖像用于广告宣传，可以提高产品知名度，提高营销业绩。由此看来，两者都具有经济价值，在这一点上两者具有共同点。与此同时，两者之间也存在一些差异。首先，肖像和个人信息的范围不同。具体而言，两者之间具有种属关系，即肖像是一种特别的个人信息，个人信息包括但不限于肖像。其次，实践中通常只有名人的肖像才具有广告价值，普通人的肖像和其他个人信息并不具有可以与之相比拟的经济价值，因此，肖像权实际上只构成对名人的保护。最后，名人肖像权的经济价值较高，而普通用户的个人信息通常只具有较低价值。那么，这三点差异是否构成本质上的差异，使得个人信息和肖像应当区分对待呢？我们依次予以分析。首先，肖像和个人信息之间的种属关系恰恰表明，肖像和其他个人信息之间并不存在性质上的差异，而只是在类型上的差异。无论是个人肖像还是其他信息，都是与个人相关的信息，并不存在本质区别，都应当受到保护。其次，如果只保护肖像和不保护其他信息，则事实上只对名人提供保护，这并不符合法治文明发展进程中越来越多主体享有权利的发展规律。权利一开始往往都是为少数人享有的特权，随着社会的进步，权利主体范围持续扩大，使得少数人享有的特权转化为人们普遍享有的权利。例如，1215年英国《自由大宪章》只对英国贵族的人身和财产提供保护，而现代法治制度之下所有人都享有人身权和财产权；世界范围内，选举权也经历了类似的演进，在此不赘述。考虑到法治发展的这一规律，原则上应当扩大权利主体的范围，尽量使普通人也和名人一样受到法律保护。最后，肖像和个人信息虽然在经济价值大小上存在差异，这一差异只是程度上的差异，并非实质上的差异。这一程度上的差异没有法律意义，无论个人肖像和其他个人信息的经济价值大与小，都应当受到平等保护。由此可见，基于平等原则，信息经济时代信息主体的个人信息和名人肖像构成实质相同情况，相关经济利益的分配应当采取类似的规则。既然个人能够享有其肖像上的经济利益，个人信息之上的经济利益也应当归其所有。

我们继续分析个人信息和商业秘密是否构成实质相同情况，应当予以相同处理。企业的商业秘密、信息主体的个人信息都具有经济价值,在这一点上两者是相同的。两者之间主要存在两个不同之处。首先,企业商业秘密的价值通常高于单个信息主体的个人信息的价值。不过,这种区别只是程度上的区别,而非性质上的区别,因此并不导致个人信息和商业秘密具有本质差异。其次,商业秘密通常并不具有人格维度,而个人信息则与个人人格密切相关。从这一点上能够推导出一个结论,即对个人信息应当提供更强的保护,而不是在更低水平上给予保护。由此看来,既然企业可以享有商业秘密的经济价值,信息主体也应当可以享有其个人信息的经济价值。

总之,个人信息与自然人肖像之间、与企业商业秘密之间具有较多相同之处,有关差异并非实质上的差异。既然肖像和商业秘密的经济利益都归肖像权人和商业秘密持有人所有,那么,根据平等原则,个人信息的经济价值也应当归信息主体所有。

三、实证法的不足

上文基于宪法角度,从四个方面对个人信息的经济价值应当属于信息主体还是数据企业进行了分析。以上研究表明,从按劳分配制度进行分析,不能够得出明确的结论;从社会主义制度、经济发展和平等原则的角度来看,应当将个人信息的经济价值分配给信息主体。宪法上的这一要求应当在实证法上予以落实。下文考察现有实证法是否能够保障信息主体享有其个人信息的经济价值。尽管《中华人民共和国民法典》(以下简称《民法典》)专章对个人信息的保护作出了规定,但是由于其并没有对个人信息的权益归属作出明确安排,[1]因此,在我国现

---

[1] 参见程啸:《论我国民法典中个人信息权益的性质》,载《政治与法律》2020年第8期。

有的法律秩序中，对个人信息经济利益的保护仍然需要依靠人格权法和合同法的具体规则来予以落实。下文分别对人格权法和合同法对个人信息的经济利益的保护进行考察。

（一）人格权法

相关法律和最高人民法院司法解释在一定程度上对个人信息的经济价值提供了保护。根据《中华人民共和国侵权责任法》（以下简称《侵权责任法》）（已失效）第20条的规定，侵害他人人身权益造成财产损失的，按照被侵权人因此受到的损失赔偿；被侵权人的损失难以确定，侵权人因此获得利益的，按照其获得的利益赔偿；侵权人因此获得的利益难以确定，被侵权人和侵权人就赔偿数额协商不一致，向人民法院提起诉讼的，由人民法院根据实际情况确定赔偿数额。根据这一规定，数据企业擅自收集和使用用户个人信息的行为可能构成对人身权益的侵害，从而触发赔偿责任。最高人民法院发布的两个司法解释，对这一问题作出了更为具体的规定。2001年通过的《最高人民法院关于确定民事侵权精神损害赔偿责任若干问题的解释》（已被修正）规定了在什么情况人民法院应当判决侵权者承担精神损害赔偿责任。根据该解释第8条第2款的规定，因侵权致人精神损害，造成严重后果的，人民法院可以判令侵权人赔偿精神损害抚慰金。这一规定所体现的思路，在2014年通过的《最高人民法院关于审理利用信息网络侵害人身权益民事纠纷案件适用法律若干问题的规定》（已被修正）第12条第1款中得到了进一步的具体化。该条规定，网络用户或者网络服务提供者利用网络公开自然人基因信息、病历资料、健康检查资料、犯罪记录、家庭住址、私人活动等个人隐私和其他个人信息，造成他人损害，被侵权人请求其承担侵权责任的，人民法院应予支持。根据这一规定，公开个人隐私和其他个人信息并造成他人损害的，构成侵权，应当承担侵权赔偿责任。综合《侵权责任法》和以上两个司法解释的规定来看，数据企业公开用户个人信息造成财产或者精神损害的，应当承担赔偿责任，相关法律和司法解释的规定从而为个人信息的经济价值提供了一定的保护。

然而，这种保护存在重大不足。《侵权责任法》及上述两个司法解释对侵权责任规定了严格的要件。根据 2014 年司法解释，只有数据企业公开个人信息，并且造成损害，才承担侵权责任。换言之，企业只要不公开个人信息，即便造成了损害，也不用承担侵权责任。在信息经济的经营模式中，企业并不通过公开他人个人信息来盈利，而是通过向用户发布定向广告等方式来利用个人信息并获得盈利。根据 2014 年司法解释的规定，大量利用个人信息的行为并不构成侵权，不承担侵权责任，这就使得数据企业在很多情况下可以无偿利用用户的个人信息，而不用付出任何经济代价。这一制度安排的不足，充分体现在 2015 年"北京百度网讯科技公司与朱某隐私权纠纷案"中。该案中，朱某发现北京百度网讯科技公司记录和跟踪其搜索的关键词，之后对其浏览的网页进行了广告投放，朱某诉诸法院，主张后者的行为侵犯了隐私权，要求其停止侵害并提供精神损害赔偿。南京市中级人民法院在终审判决中驳回了上诉人的诉讼请求，其在判决中提出的核心理由是上诉人没有公开被上诉人的个人信息，而且也没有造成损害，因此并不满足前述 2014 年司法解释第 12 条对侵权责任规定的两个要件。[1] 这一判决由此确认了企业收集、利用个人信息进行盈利的行为并不侵犯个人权利，无须承担侵权责任。

---

[1] 参见"江苏省南京市中级人民法院 2014 宁民终字第 5028 号民事判决书"。

此外，如果坚持用人格权法来保护个人信息，即使降低侵权责任要件的要求，取消公开个人信息的要件，并且对造成他人损害的要件进行从宽解释，也无法充分保障信息主体享有其个人信息之上的经济利益。这一格局是由人格权法的基本逻辑所决定的。人格权不可由权利主体自由处分，因此，在人格权框架内，信息主体不能有偿授权他人利用自己的个人信息。在个人信息被数据企业侵犯的情况下，信息主体有权请求对方承担赔偿损害等侵权责任。然而，损害赔偿仍然只是对人格权的救济，而并非对利用个人信息的对价。在这种制度安排之下，信息主体就处在一个尴尬的境地：其不得在人格权的框架内，无法以有偿授权他人使用的方式，来实现自己个人信息的经济价值；在信息主体因个人信息被侵犯而得到损害补偿的情况下，虽然实现了一定的经济利益，但这同时又伴随了对其人格权的侵犯。要走出这一困境，使得信息主体在其人格权得到保全的情况下能够实现个人信息之上的经济利益，就必须允许信息主体对自己的个人信息进行处置，允许其有偿授权数据企业进行收集和利用，从而实现相关经济利益。由此看来，人格权保护机制不能为信息主体实现其个人信息的经济价值提供适当的制度框架。[1]

（二）合同法

在实践中，一些数据企业为了建立和维护良好企业形象、降低法律风险等，主动在其使用协议中让用户选择是否同意企业收集和利用其个人信息，并向同意的用户提供免费服务，以此作为补偿。这一做法似乎表明合同法能够保障公民享有其个人信息之上的经济利益。在这一背景之下，有学者主张由合同法

---

[1] 参见谢远扬：《信息论视角下个人信息的价值——兼对隐私权保护模式的检讨》，载《清华法学》2015年第3期。

来规范个人信息产生的经济利益归属。[1]然而，基于以下原因，这一路径并不可行。在典型的交易中，买卖双方将各自所有、并处于各自实际控制之下的财产进行交换。双方通过交易，既获得原来对方所有的财产权利，同时在对方交付之后取得对有关客体的占有。因此，获得财产权利、取得占有，是交易的两项内容。例如，在常见的一手交钱、一手交货的买卖合同中，价款和货物在交易之前分别为买方和卖方所有，并受到他们各自的控制。买方为了取得对方所有并控制的财产，只能通过缔结合同，使得卖方在收到价款之后向买方进行交付，从而取得财产的所有权和占有。然而，如果在某一客体之上并不存在财产权利，那么实际控制人和任何其他人对有关客体都不享有财产权。既然在这个客体之上并不存在他人的财产权利，实际控制人也就不可能、也没有必要与他人就财产权利转让达成一致，以便取得自己所控制的客体之上的财产权利。实际控制人对有关客体不享有财产权，他人对有关客体也不享有财产权，所以，实际控制人对有关客体的支配不会侵犯任何人的财产权，根据法无禁止即自由的原理，实际控制人对有关客体的支配实际上就不受限制。个人信息的收集和利用就呈现了这种情况。与货物买卖合同中的客体相比，大数据时代的个人信息呈现了两个特点。一是实证法目前并没有规定个人信息之上存在财产权，因此，收集和利用他人的个人信息，并不侵犯任何人的财产权。如前所述，相关行为人只需要避免因公开个人信息而侵犯信息主体的相关人格权，就不用承担法律责任。二是个人信息不处于信息主体自己的控制之下，而是处于数据企业的实际控制之下。数据企业并不依赖信息主体对其进行交付，所以也就没有

---

[1] 参见梅夏英：《数据的法律属性及其民法定位》，载《中国社会科学》2016年第9期。

必要就个人信息的交付而与信息主体达成协议。

综上所述，既然个人信息之上并不存在信息主体的财产权利，而且数据企业并不依赖于用户根据协议进行交付的方式来获得个人信息，而是有能力直接利用技术手段收集个人信息，那么，数据企业就无须与信息主体协商一致来获得（实证法尚未确认的）个人信息之上的财产权，以及对个人信息的实际控制。在这一背景之下，合同法并不能保护信息主体享有其个人信息之上的经济价值。是否通过达成协议的方式来获得信息主体的授权，企业能够自主进行选择。为了降低法律风险，遵纪守法的企业往往会选择与信息主体达成协议。但对于不重视自身行为正当性、不充分尊重用户可能权利、致力于控制成本的数据企业而言，未经授权而直接收集和利用他人的个人信息，是一个符合经济人假设的理性做法。针对此类企业的行为，合同法完全不能提供相应保护。由此可见，与人格权类似，通过合同法上的机制并不能够保障公民享有其个人信息之上的经济利益。

四、法政策学解决方案

既然实证法上人格权法和合同法并不能保护信息主体享有其个人信息的经济利益，那么立法者就应当积极作为，填补这一空白。

（一）模式选择：财产规则还是责任规则？

立法者为了保障信息主体享有其个人信息之上的经济利益，应当采取何种模式？通常而言，为了保护一个法益，立法者可以在财产规则和责任规则之间进行选择。[1]这两种规则的原理

---

〔1〕 See Guido Balabresi, A. Douglas Melamed, "Property Rules, Liability Rules, and Inalienability: One View of the Cathedral", *Harvard Law Review*, Vol. 85, No. 6, 1972, pp. 1089-1128.

有所不同：根据财产规则，立法者将特定法益规定为一项由权利主体自由处分的财产权。原则上，权利人可以通过市场交易磋商相关条件，并在达成一致时向他人转让自己拥有的财产权。侵犯他人财产权的，应当承担侵权责任；与此不同，在责任规则之下，立法者并不将受保护的利益规定为财产权，而是规定为原则上不可处分、不可让渡的权利如人身权。个人不能通过协商一致的方式，将适用责任规则的权利授予他人。当这些权利受到他人侵犯时，侵权人承担由立法者所确定的、不容当事人双方协商确定的侵权责任。究竟应当通过财产规则还是责任规则来保护一项法益，需要考虑效率、分配正义、避免对个人和公众的损害等因素。大体而言，对于性质上可让渡的法益，可以适用财产规则；对于性质上不可让渡的法益，则适用责任规则较为妥当。通常而言，对经济利益可以适用财产规则加以保护；对人格利益则通常适用责任规则。

那么，个人信息的保护应当适用财产规则还是责任规则？目前实证法根据责任规则，通过人格权机制对个人信息进行保护。《侵权责任法》（已失效）和《最高人民法院关于审理利用信息网络侵害人身权益民事纠纷案件适用法律若干问题的规定》等规范对涉及个人信息的侵权行为规定了相应的法律责任。学术界也普遍认同通过责任规则来保护个人信息的制度安排。然而，这并不意味着不得再通过财产规则来保护个人信息。具体而言，在个人信息之上，既存在不可让渡的人格利益，也存在可以让渡的经济利益。对于人格利益，现有立法、司法解释以规定侵权责任的方式予以保护是适当的；对于经济利益，就应当通过财产规则予以保护，立法者应当将个人信息规定为某种可以由信息主体处分的财产权，使其能够通过市场交易的方式，向数据企业转让有关权利。

总而言之，在立法者已经通过责任规则对个人信息之上的人格利益进行保护的情况下，还应当根据财产规则，对个人信息之上的经济利益进行保护。

(二) 个人信息所有权？

为了通过财产规则来保护个人信息之上的经济利益，立法者应当在个人信息上设立某种财产权。各种财产权中，所有权无疑是最典型、最常见，也最为人所熟悉的权利类型。在日常生活中，"我的个人信息属于我"的观念也易于为人们所接受。有鉴于此，规定信息主体对自己的个人信息享有所有权并享有相关经济利益，似乎是一个自然而然的制度安排。与此相应，有学者主张确立公民对其个人信息的所有权或者类似于所有权的权利，肯定公民对自身信息享有占有、使用、收益、处分的权利。[1]这一类主张是否具有可行性，有待进一步分析。

所有权作为一种物权，其客体是（有体）物。物天然地具有排他性，能够为权利主体独自占有。通常情况下，物的所有人占有该物，从而使得物的占有同时具有公示权利归属的功能。与物不同，信息可以同时为多人占有和使用，不具有竞争性。基于信息和物之间存在的这一差异，一些所有权规则可以适用于个人信息，另外一些所有权规则则明显不能适用。例如，出卖人的物的瑕疵担保责任规则适用于个人信息交易，并无不妥。无论交易对象是物还是个人信息，转让人都要确保物或者个人信息是没有瑕疵的。此外，将物的继承规则适用于个人信息，也未尝不可。以电子邮件、微信上的聊天记录、在朋友圈发布的信息以及与微信好友就此发生的互动为例，这些个人信息与传统的书面信件并没有本质上的区别。既然逝者的书面信件可

---

〔1〕 参见汤擎：《试论个人数据与相关的法律关系》，载《华东政法学院学报》2000年第5期。

以作为遗物予以继承，那么对电子邮件、微信账号密码所能够访问的相关内容适用物的继承规则，并无不妥。

然而，与瑕疵担保责任规则、继承规则不同，物上所有权的救济规则无法适用于个人信息。物上所有权对物的保护包括两个方面，一是保护物的完整状态，二是排除他人使用。第一种保护无疑对个人信息也可以适用：损毁物和删除、篡改个人信息的侵权行为并无性质上的差异，完全可以适用相同的责任规则。比较困难的是如何对个人信息提供第二种保护。如前所述，物的特点之一在于其使用具有竞争性，一人的使用行为将排除所有其他人的使用行为。但是，信息可以无限复制，其使用并没有排他性，他人使用信息，并不会影响本人和其他人使用相同信息。甚至，公民往往无法知悉、更无法排除他人非公开收集、使用自己的个人信息。基于这一原因，物上所有权的第二种保护对个人信息无法适用。

总之，尽管物上所有权的瑕疵担保责任、继承规则等相关规则能够适用于个人信息，但是物上所有权救济规则无法适用于个人信息。基于这一理由，立法者不宜将个人信息纳入所有权的客体范围，无法通过所有权机制保护公民享有其个人信息之上的经济利益。

(三) 个人信息财产权

既然有体物上的所有权制度不适用于个人信息，下文继续考察财产权体系是否提供了其他可以适用的制度框架。鉴于有形财产权之外还存在无形财产权，下文在无形财产权制度框架内，探讨对个人信息的经济价值予以保护的可行性。

在无形财产体系中，知识产权制度具有一定的借鉴意义。作为知识产权的客体，智力成果与个人信息之间存在两个共同之处：首先，个人信息和智力成果都有经济价值，因此有必要对相关利益的归属作出规范；其次，智力成果和个人信息都不具有物质形态，而是依赖于一定的载体而存在。基于个人信息和智力成果之间的相同点，我们主张立法者参照知识产权制度设立个人信息财产权。依据这种新型的无形财产权，个人可以通过有偿授权数据企业收集和利用其个人信息等方式，享有其个人信息之上的经济利益。具体而言，企业只有在取得个人的授权之后，才可以收集和利用其个人信息，并且只能将其用于约定的目的。在企业的行为未经授权或者超出授权时，即便没有以公开公民的隐私和个人信息的方式侵犯人格权，其行为也构成了对个人信息财产权的侵犯，应当承担相应法律责任。为了获得个人的授权，企业需要与个人进行协商，通过提供货币补偿、无偿服务等对价，促使个人作出授权。企业可以通过格式合同，向所有潜在用户提出统一的要约；鉴于不同用户的个人信息对企业具有不同的价值，企业也可以向用户提出不同对价的要约，尽可能地与用户达成一致。个人自由决定是否授权他人为了何种目的收集和使用其个人信息，而一旦进行授权，就向企业转移了收集和利用其个人信息的权利；当然，公民有权拒绝数据企业以获得其授权为目的的任何要约，拒绝作出相应授权。

  对于这一主张，反对者可以提出四个质疑。第一个质疑的依据立足于智力成果和个人信息之间的一个重大区别，即智力成果是基于智力劳动形成的，而个人信息是日常生活中自然形成的，并不需要智力投入。那么，两者之间的这一区别，是否意味着无法在个人信息上设立无形财产权呢？本文认为答案是否定的。两者之间的区别，只能说明不宜直接将个人信息纳入知识产权的客体范围，否则将违反知识产权保护智力成果的基本逻辑，但并不能由此主张不得在个人信息之上设立其他类型的财产权。事实上，知识产权和个人信息财产权具有不同的宪法基础：知识产权体现了《宪法》第6条规定的按劳分配原则，即付出智力劳动者享有相应的知识产权，而个人信息之上的经济利益归信息主体所有的制度安排并非按劳分配原则的要求，而是基于上文第二部分指出的社会主义制度、经济发展和平等原则等方面的宪法考虑。

第二个质疑是从权利救济的角度提出的。根据一种观点，对智力成果的非法利用和流通原则上是可以识别的，因此可以救济。[1]然而，实践中数据企业往往在用户不知情的情况下搜集和利用个人信息，个人信息的利用和流通很难由信息主体所识别，也就无法寻求救济。因此，既然对个人信息的收集和利用难以识别，适用于知识产权的保护机制就不能适用于个人信息，从权利救济的角度来看，参照知识产权制度设立个人信息财产权是不可行的。然而，这一观点也经不起推敲。事实上，实践中要识别对智力成果的侵犯也具有一定难度。虽然大规模的、公开的侵犯知识产权的行为容易识别，但是小规模的、秘密的侵权行为则难以识别。例如，个人完整复印一本书固然侵犯了作者的著作权，但著作权人几乎不可能发现并追究这种侵权行为；正版软件商要发现并追究个人电脑上安装盗版软件的侵权行为，也面临重重障碍。因此，侵犯智力成果的行为并非都可识别、可以有效救济。相反，收集和利用个人信息的行为虽然比较隐蔽，可识别性较低，然而，随着用户对数据经济商业模式的了解，人们越来越能够知悉数据企业进行的个人信息收集活动。在收到量身打造的个性化定向广告时，用户不难判断数据企业使用了其个人信息。总之，对个人信息和智力成果

---

〔1〕 参见梅夏英：《数据的法律属性及其民法定位》，载《中国社会科学》2016年第9期。

的侵犯行为在可识别性上并不存在本质差异，主张知识产权的侵犯可识别而对个人信息的侵犯不可识别，并由此否定参照知识产权设立个人信息财产权的主张，并不成立。

围绕财产的可交易性，反对者可以提出第三个质疑。人们认识到，通过自由市场交易，财产得以流动到最有能力对其加以利用的人手中，发挥最大效用。在这种意义上，财产的自由交易能够提高资源利用效率，促进社会生产力的发展。有鉴于此，有学者主张可交易性是财产的一个必要要件，不符合这一要件即不可交易的事物不构成财产。[1]根据这种观点，在个人信息之上是否可以设立财产权，要看个人信息是否具有可交易性。鉴于非法攫取并在黑市出售个人信息的行为受到法律严格禁止，个人信息是不可交易的，也就不可能构成财产的客体，否则存在非法个人信息交易合法化的风险。我们从两个方面对这种质疑进行反驳：首先，可交易性并非财产的一个必要条件，不可交易的事物也可以构成财产权的客体。毫无疑问，在财产归属关系明确的情况下进行交易才能够保障受让人取得合法权利，因此，财产制度具有保障市场交易的功能。但是，财产的价值并非只能通过交易实现，其占有、使用、收益也是同等重要的权能。在一个物品并不能够交易的情况下，并不影响其构成财产的客体。例如，一个猎人合法持有的猎枪虽然不能自由交易，但无疑构成了他的财产，其占有和使用的权能对所有人具有价值。由此可见，可交易性并非财产的必要要件。与此相应，即使个人信息不可在市场上自由交易，也不能据此得出个人信息不能成为财产客体的错误结论。其次，个人信息并非不可交易的。实际上，在非法个人信息交易受到法律制裁的同时，

---

[1] 参见［英］F.H. 劳森、B. 拉登：《财产法》，施天涛等译，中国大百科全书出版社1998年版，第15页。

实践中已经大量存在合法的个人信息交易了。数据企业往往在用户协议中由用户选择是否同意企业收集和利用其个人信息，并向作出同意表示的用户提供无偿服务，这一过程实质上就构成了个人信息交易。因此，在事实层面也无法否定合法个人信息交易的存在。着眼于实践中的需求，恰恰是为了使个人信息交易能够合法、有序进行，需要对个人信息提供财产权保护。

还有学者从人格利益平等保护的角度，提出了第四个质疑。持此论者认为，个人信息保护的目的是维护个人的人格平等。鉴于人们的个人信息具有不同的价值，因此，如果设立个人信息财产权，则不利于人格利益的平等保护。[1]本文认为，个人信息之上同时存在人格利益和经济利益，分别适用通过人格权和财产权予以保障，这就使人们的人格利益能够得到平等保护，与此同时，信息主体可以通过行使财产权，实现各不相同的个人信息经济价值。总之，个人信息与智力成果具有相似性，立法者参照知识产权制度设立个人信息财产权是切实可行的，有关质疑并不成立。[2]

五、结语

个人信息中同时存在人格利益和经济利益，对于其人格利益，当然由个人所享有，并由人格权法的相关规则予以保障。从宪法层面来看，相关经济利益也应当由个人所享有，这就意味着赋予个人以信息财产权具有正当性。在既有实证法体系内，对个人信息的保护主要是通过责任规则来实现的，但责任规则

---

[1] 参见王利明：《论个人信息权的法律保护——以个人信息权与隐私权的界分为中心》，载《现代法学》2013年第4期。

[2] 参见刘德良：《论个人信息的财产权保护》，人民法院出版社2008年版，第61页。

只能实现对个人信息中人格利益价值的保护。个人信息中的经济价值的保障，仍然有待通过财产规则来落实。《民法典》尽管对个人信息的保护作出了原则性的规定，但是并没有对个人信息的权利属性以及其权益的归属作出明确的规定。未来立法应当遵循宪法对个人信息保护的价值指引，完善个人信息相关权益的保护，明确个人信息的人格权利和财产权利的双重属性，在既有的个人信息人格利益的责任规则保护模式之外，再通过财产规则模式对个人信息中的经济利益予以保护。

"国家—机构—个人"三方关系中的个人信息保护

张 翔 钱 坤[*]

一、引言

大数据时代,信息技术的发展改变了信息收集、处理与利用的方式,数据、信息成为经济发展的引擎。在大数据、云计算技术、人工智能技术为代表的科技系统的催化,与"数字经济"为代表的经济系统的利益驱动下,借助德国法理学者托依布纳的话语,个人信息面临的威胁呈现出一种"涡轮增压"[1]的态势。

今日的个人信息保护议题早已不同于往日。[2]如果说在20

---

[*] 张翔,法学博士,北京大学法学院教授;钱坤,法学博士,北京大学法学院博雅博士后。

[1] 托依布纳用"涡轮增压"来表明系统理性膨胀的现象,大数据时代的个人信息领域恰如其言。所谓大数据时代,一方面是信息技术的时代,另一方面是数据经济的时代,前者昭示了科学技术的作用,后者彰显了经济结构的改变。如托伊布纳所看重的,宪法应该抑制社会诸系统的膨胀,在这个意义上,本文研究个人信息保护的宪法基础,亦可视为一种对于个人信息领域社会子系统膨胀的抑制,当然,这也可算作对托伊布纳的呼应。参见〔德〕贡塔·托依布纳:《宪法的碎片——全球社会宪治》,陆宇峰译,中央编译出版社2016年版,第93页。

[2] 关于大数据时代与个人信息保护之间一般性描述,See Ira S. Rubinstein, "Big Data: The End of Privacy or a New Beginning?", *International Data Privacy Law*, Vol. 3, No. 2, 2013, pp. 74-87.

世纪,隐私不再只是上层社会名流所关心的问题,而逐步成为一般民众的需求,[1]完成了"公众化"的进程,并衍生出个人信息保护法制的萌芽,至于今日,个人信息保护则不仅在一般意义上与众人息息相关,而且已经与新的"统治"形态、权力关系发生关联,逐步具备了"公共化"的形态。

技术手段的进步使得监视从例外变为常态,个人信息也越来越多地被用来作为一种工具去塑造与调整人的行为。[2]回顾历史,当代的个人信息保护议题首先源自20世纪60年代以来政府巨型数据库诞生引发的争论,奥威尔《1984》中的金句——"老大哥在看着你!(Big Brother is watching you!)"完美诠释了这种国家监控所带来的紧张。由此,个人信息保护首先成为一个经典的宪法命题,从个人权利的角度可被表述为"个人究竟得以在何种意义上向国家主张个人信息的自决"。

然而,塑造与规训怎会仅限于国家?除了国家的威胁,商业机构等各类非公主体对于个人信息的收集、处理也引起了广泛的社会关注。一方面,这些具有"官僚制"特征的机构对于个人信息的处理仿佛冷漠甚至漫不经心,个人信息处理中的疏失、泄露随处可见,并导致衍生损害,加重了个人的不安全感。另一方面,更令人担忧的是,非公主体有时或许并非"漫不经心",而是"别有用心"地进行个人信息的收集、处理。

---

[1] See James Q. Whitman, "The Two Western Cultures of Privacy: Dignity versus Liberty", *The Yale Law Journal*, Vol. 113, No. 6., 2004, pp. 1151-1221. 追溯了隐私的荣誉传统,see Samuel D. Warren and Louis D. Brandeis, "The Right to Privacy", *Harvard Law Review*, Vol. 4, No. 5, 1890, pp. 193-220. 流露出精英阶层的隐私观念。

[2] See Spiros Simitis, "Reviewing Privacy in an Information Society", *University of Pennsylvania Law Review*, Vol. 135, No. 3, 1987, pp. 709-710. 公私界限也在模糊,see in p. 726.

Facebook"泄露"的个人信息涉嫌被用来操纵美国大选,[1]网络公司利用大数据"杀熟"（主要是指区分定价）[2]。信息主体面对"谁对我的个人信息,进行了何种操作,可能有何种危害,而我又可以做点什么？"的诘问,往往茫然不知,只能隐隐后怕。[3]

为此,信息自决权、信息隐私权以及各种各样的理论主张针对实践中国家、机构与个人间的个人信息收集、利用争议展开了探讨,并提出了各自主张。实践中的问题千变万化,总离不开对个人信息保护目标,个人信息侵害到底为何等基本问题的追问。本文拟从讨论当代个人信息侵害的风险性出发,检讨既有类似"控制"观念的一些误区,继而提出符合人格权定位与综合情境式（contextual）分析的个人信息保护的理解方式,最后在此基础上,于国家、机构与个人间完成一个初步的保护框架的建构。

二、个人信息损害的风险特性与应对失灵

当代的个人信息保护的命题虽承接了百余年来的隐私法脉络,但也具有鲜明的时代特色。19世纪末,Warren与Brandeis面对的主要是拍摄技术与媒体小报的威胁,之后Prosser四类侵

---

[1] 参见《特朗普靠Facebook赢下大选？》,载虎嗅网http://tech.ifeng.com/a/20180319/44912145_0.shtml,最后访问日期：2018年9月15日。此处需表明,Facebook的责任更多来源于其对于个人信息的去向没有尽到监管的责任,直接称其为泄露可能是不恰当的。

[2] 参见《网络公司用大数据"杀熟"：酒店房价300元变380元》,载《城市金融报》2018年3月5日,第1版。

[3] 此即Solove的"卡夫卡困境",后文详述,See Daniel J. Solove, "Privacy and Power: Computer Databases and Metaphors for Information Privacy", *Stanford Law Review*, Vol. 53, No. 6, 2001, pp. 1393-1462.

权的总结本质上是这一脉络的延续。20世纪60年代以来，信息自决权与作为控制的隐私权观念则是对政府与机构的数据库的回应，20世纪70年代以来欧洲的个人信息保护法与美国知情同意框架下的法制，譬如欧盟1995年通过的《数据保护指令》以及OECD的一般原则都是这一脉络的延伸。

然而到了21世纪，如前所述又出现了新的变化。科技与经济双系统的催动，及至于晚近大数据、云计算、物联网等一切最新的发展，伴随着个体化社会发展不可避免的趋势，个人信息在社会中扮演的角色日渐重要。[1]一时间，从个人生物信息（指纹、虹膜、DNA）、个人行踪、消费记录、政治观点、发言记录等都成为数据收集、利用的对象，相应地也都成为法律系统内的"个人信息"。生活中无处不在，这在法律实践上的一个表现是PII（Personal Identified Information）之概念，又或是隐私的概念越来越难界定。而这一概念是个人信息保护的关键，因为如果个人信息都无法界定，那么个人信息保护又何谈着手呢？

这个定义的难题又似是悖论式的。对个人信息概念的困惑，某种意义上也是个人信息保护的目标的困惑，而这或许又是对个人信息损害的特性未能充分考察所致。

著名信息隐私法专家Solove曾经概括在个人信息处理阶段可能出现的16种侵害类型，并就个人信息损害的特性指出了不

---

〔1〕"个体化"研究的代表性学者贝克（Ulrich Beck）等就曾经就德国20世纪70年代的户籍资料登记中对婚姻、家庭的理解变化，解读出"个体化"之趋势，并谈及了这种"制度化的个体主义"。参见［德］乌尔里希·贝克、伊丽莎白·贝克—格恩斯海姆：《个体化》，李荣山、范譞、张惠强译，北京大学出版社2011年版，第12~14页。在笔者看来，日趋个体化的社会，"个人信息"自然在治理与交往中扮演了越来越重要的角色。

同于传统的理解，即所谓结构损害的存在。[1]结构损害更多地指向的是未来的个人受到损害的可能性，可以分为两种类型，其一是增强了损害可能发生的可能性，其二是破坏了结构均衡。[2]笔者认为，此说还可修正，结构损害之一，即损害可能性增加，还体现的是个人信息保护的风险累积性与间接性，损害之二，即结构均衡的破坏，毋宁是风险的结构性面向。因此，概括来说，当代个人信息保护领域主要面临的问题其实是风险问题。[3]

1. 累积性。所谓累积性是与大数据时代信息的海量数据库存，以及强大的数据检索、计算能力结合在一起的。因为信息可以通过组合的方式指向个人的识别，所以零星的信息泄露可能不具有足值重视的后果，但一定数量的信息就可以形成足以

---

[1] 16种类型包含监视（surveillance）、询问（interrogation）、集聚（aggregation）、识别（identification）、数据安全问题（insecurity）、二次使用（second use）、排除（exclusion）、违反保密义务（breach of confidentiality）、揭露（disclosure）、曝光（exposure）、易于接近取得（increased accessibility）、恐吓（blackmail）、商业使用、（appropriation）、扭曲（distortion）、侵入（intrusion）、决策干预（decision interference）. See Daniel J. Solove, "A Taxonomy of Privacy", *University of Pennsylvania Law Review*, Vol. 154, No. 3, 2006.

[2] See Daniel J. Solove, "A Taxonomy of Privacy", *University of Pennsylvania Law Review*, Vol. 154, No. 3, 2006, pp. 487-488.

[3] 国内关于个人信息面临的风险研究较有限，参见张茂月：《大数据时代公民个人信息数据面临的风险及应对》，载《情报理论与实践》2015年第6期。不过这些研究并没有真正关乎个人信息领域侵害的风险性。而杨芳博士的研究，虽然认识到个人信息保护属于对其他法益的前置保护，其实颇有几分隐含了对风险的意味，但并没有指明这种风险性。指出了风险性的另一研究是范为的研究，他指出应该在个人信息保护中贯彻风险规制的思想，但是毕竟没有分析风险的类型与原因。参见范为：《大数据时代个人信息保护的路径重构》，载《环球法律评论》2016年第5期。周汉华最新的研究将此称为"信息安全风险"，参见周汉华：《探索激励相容的个人数据治理之道——中国个人信息保护法的立法方向》，载《法学研究》2018年第2期。

导致相当程度的实质损害，甚至可以形成完整的人格图像，使个人完全丧失对人格发展的主体性。

2. 间接性。个人信息的泄露或者丧失控制，其本身可能难以构成个人精神、财产等损害，譬如邮箱信息的公开是生活所常见的现象，但是可以加剧个人遭受其他类型损害的风险，个人可能会因此遭到有目标的暴力犯罪、恐吓、诈骗等。又比如，个人信息的集聚（aggregation）、识别（identification）本身都已不再与信息主体发生关系，只是信息处理阶段收集者自主的行为，信息扭曲（distortion）甚至很难认为与控制产生关联。但其损害的累积不容小觑。易言之，个人信息侵害行为与个人信息损害结果之间具有诸多不确定因素，个人信息损害可能只是为其他侵害行为提供了便利。

3. 结构性。结构性是指个人信息的损害更多时候不是聚焦于个人，而是存于整体的结构之中，这种结构又会反过来影响到个人。数据的收集机构可以透过信息收集获得权力结构上的优势，对个人形成无形的损害，譬如可以透过数据分析，在舆论市场作类型区分，极化观点，毁坏民主政治的基础，又比如坐拥海量个人信息，从阅读记录、出行踪迹到经济往来，实现对个人的全方位透视，而另一个极端情形，但当大多数人的个人信息都泄露，而少数个人保持匿名化的时候，少数个人反而会因此被标识出来，甚至因此遭到排除。监视、集聚、易于接近取得（increased accessibility）等损害类型主要也是在结构性的意味上发生损害，由此可见，个人信息的损害可能蕴含于结构性的风险之中，而这是不能仅在个人层面理解的。

主流的个人信息权理论，无论是将个人信息权理解为一种自决权，或是作为控制的隐私权都可说是一种支配与控制的构造。从理论基础层面，不论是用人格权来强调人格之不可随意处分，或是财产之充分支配控制，都是如此。在这样一种理论预设下，个人信息损害理所当然地被想象为"失去控制"。然而在现实中，个人对个人信息的控制缺失可能恰恰是当今社会的常态。前述个人信息的损害实际上很多就与控制并无直接关联，或者是失去控制后不具有直接关联的其他结果。所以控制恐怕并不能成为目的，而只是针对风险之不可测的反制。如果将针对这种情况的反制要求理解为"控制"，那恰恰应是一种预防意味的要求，即因为个人信息损害具有风险性，不能确定个人信息何时构成损害，所以一切个人信息都要处于控制之下。这样一种预防意味的控制不应该成为信息保护的本质。[1]

即便不论在何种程度上理解"控制"，把个人信息权的核心聚焦于个人形式化的自主决断，能否在实效层面对风险形成有效应对呢？

如前所述，个人信息损害的累积性与间接性往往使得个人不能有效意识到信息处理行为对自己可能构成的威胁，行为经济学的分析也表明，个人纵然对个人信息重视良多，但是往往忽视个人信息的收集，[2]对于商业机构冗长个人信息保护条款缺乏足够的重视，也难以有效理解，即便理解后，往往面对"要么放弃服务，要么放弃隐私"的困境，更难能谈得上平等"议价"。而即便意识到风险的可能存在，伴随生活方式的变化，移动支付、在线教育、网络购物、电子政务等方式在生活中扮演越来越重要的角色，个人难以放弃种种生活便利，对个人信

---

[1] 晚近有学者注意到这一点，主张信息自决权乃是公民个人享有各种基本权利的前置性保障。参见敬力嘉：《大数据环境下侵犯公民个人信息罪法益的应然转向》，载《法学评论》2018年第2期。

[2] 此所谓Solove的"认知问题"。See Daniel J. Solove, "Introduction: Privacy Self-Management and the Consent Dilemma", *Harvard Law Review*, Vol. 126, No. 7, 2013, pp. 1880-1903.

息的风险进行有效评估。以形式化的自主决断作为个人信息保护的核心机制,看似是尊重了个人的主体地位,但实际上是使个人的选择形式化了。

仅个人层面就是如此,更何况个人信息损害还具有结构性的特征,损害根本是溢出个人的。在集体行动的层面,面对垄断企业所占据的优势地位,个人缺乏议价能力,其具体表现用Bergelson的话说,用户的个人信息保护需求在市场上缺乏弹性,[1]即便发生个人信息侵害,个人也往往不得而知,发现与举证均是问题。而社会权力结构下的信息优势带来的潜在的"寒蝉效应",看似没有对个人横加干预,然而谁能否认事实面上结构不平衡存在对个人可能造成的威胁?追求个人的自主控制根本无力在结构上寻求平衡。

所以,即便以信息自决理论具有相当坚实的价值基础,但是当其追求"控制",并被以信息自决权或是"知情同意"式的权利机制,广泛体现在个人信息保护的各个场景中时,效果不彰或许也是当然的了。为此,对于个人信息保护的目标为何,又如何实现,尚需进一步思考。

三、个人信息保护的情境特性与社会面向

前文从个人信息损害的风险特性以及相应的对策失灵出发,较为宽泛地批判了既有理论中倾向于"控制"与"支配"的主张。在笔者看来,尽管既有讨论中出现了以人格权和财产权理解个人信息权(类似的概念还有信息自决权、个人信息保护权

---

[1] See Vera Bergelson, "It's Personal But is it Mine? Toward Property Rights in Personal Information", *University of California, Davis Law Review*, Vol. 37, No. 379, 2003, p. 73.

等)的主张,[1]但其共性都在于聚焦控制与支配,篇幅所限,笔者不深入论述财产权路径的不适当,唯依据主流观点,从人格权路径做一些澄清。

(一)人格权支配控制观念的反思

基于宪法人格尊严保护条款推导而出的个人信息权的人格权属性,在大陆法系的一般知识背景下基本不受质疑。[2]在汉语学界目前的讨论中,人格权被赋予了强烈的支配属性,此亦波及于对个人信息权的理解。王泽鉴教授直陈,人格权是一种具支配性的绝对权……人格权人得直接享受其人格利益(支配性),并禁止他人的侵害(排他性),就此点而言,人格权类似于物权。[3]还有学者认为,权利的内容是主体对客体的支配方式,非主体之利益。离开支配关系谈论权利内容,必然言不

---

[1] 德国法上的信息自决权当然是人格权一脉,不赘述,财产权主张比较有代表性的包括, See Alan F. Westin, *Privacy and Freedom*, New York: Atheneum, 1967, pp. 7. See Lawrence Lessig, "Privacy as Property", *Social Research: An International Quarterly*, Vol. 69, No. 1, 2002, pp. 261. See Vera Bergelson, "It's Personal But is it Mine? Toward Property Rights in Personal Information", *University of California, Davis Law Review*, Vol. 37, No. 2, 2005, pp. 383. See Paul M. Schwartz, "Internet Privacy and the State", *Connecticut Law Review*, Vol. 32, No. 3, 2000, pp. 858. See Paul M. Schwartz, "Property, Privacy, and Personal Data", *Harvard Law Review*. Vol. 117, No. 7, 2004, pp. 2056. See Jacob M. Victor, "The EU General Data Protection Regulation: Toward A Property Regime for Protecting Data Privacy", *The Yale Law Journal*, Vol. 123, No. 2, 2013, pp. 513-528.

[2] 财产权路径主要是美国学者在提倡,前文提到 Westin 强调的是控制,Lessig 与 Bergelson 强调的是财产赋权加上自由交易实现资源配置效率最优,Schwartz 强调的是个人信息要能够如财产一样有效流转,Victor 虽然认为欧洲个人信息保护法类似一种财产权路径,但与 Schwartz 论点无本质区别,是在描述意义或外部视角下上认为欧洲的个人信息保护法与权利模式是"如财产权"的。本文在描述意义上也认为在控制意义上理解人格权与财产权并无本质不同。但文章第三部分对情境式理解与人格权的分析是内部视角下的理解。

[3] 参见王泽鉴:《人格权法:法释义学、比较法、案例研究》,北京大学出版社 2013 年版,第 45 页。

及义。[1]

　　民法学界这种支配观念下的人格权，加之公法学界所强调的自主与自决的信条，在个人信息保护领域就很容易导出为对个人信息控制的观念。又因个人信息保护领域素有影响的欧盟立法直接将个人信息权定位为基本权利，并对公私主体同时适用，这种观念混合，一时竟然难以厘清。学者王利明与朱巍的认识具有代表性，前者认为，个人信息权所指向的对个人信息的控制、支配，是传统隐私权所不能包含的。正是从这个意义上，学者也将其称为控制自己资讯的权利或资讯自决权。[2]后者直接表明，新时代的人格权必须在立法上突出支配性权能，明确哪些权利能够由自然人自行支配处分。[3]

　　类似表述几乎完美地折射出一种裹挟着宪法话语，以人格权的支配性为认知底色的人格权观念，并直接将"控制"与"支配"列为个人信息权的核心。而在这种控制观念的作用下，"财产"或者"人格"似乎就成为一种修辞，因为他们都体现为一种对个人信息的控制。学者薛军敏锐地意识到，个人信息的保护模式，一直有一种大趋势，试图将个人信息类比于个人对自己拥有的物，继而设计相应的法律保护规则，发展出所谓支配权、携带权、查询权、删除权等说法，并且在法律上试图创造出内涵宽泛，具有强大支配性和排他性的个人信息权。[4]于此

---

[1] 参见韩强：《人格权确认与构造的法律依据》，载《中国法学》2015年第3期。

[2] 参见王利明：《论个人信息权在人格权法中的地位》，载《苏州大学学报（哲学社会科学版）》2012年第6期。

[3] 参见朱巍：《人格权民法典独立成编，是对公民权利更好保护》，载http://news.sina.com.cn/c/nd/2017-12-19/doc-ifypsvkp4702910.shtml，最后访问日期：2018年6月27日。

[4] 参见薛军：《数据时代如何协调个人信息保护与数据产业发展》，载《财经》2017年12月。

意义上，似乎以人格权立基的个人信息权已经回到了财产权的传统权利进路上去。

然而这种观念真的站得住脚吗，人格权必然以这种类似财产权的支配性为属性吗？这在民法学界其实并非绝对共识。

否定人格权支配属性的观点历来不少见，譬如拉伦茨教授便认为人格权之实质乃是人身不受侵犯，而非某种支配权。[1]温世扬教授认为，造成我国学者主张人格权具有支配属性的原因主要有三方面，即对传统权利"所有权构造的路径依赖""具体人格权的模式效应""人格表示商品化现象的'启示'"。[2]许可博士与梅夏英教授的分析进一步指出，在一般人格权的论争中，借重大陆法系民法体系观念的学者，在观念层面分享了"财产性"人格的路径依赖，这使得即便是倡导一般人格权的学者，也往往无从摆脱"财产型人格"的惯性束缚。[3]人们透过财产权式的主客体范式，构造赋予权利形式的人格利益，[4]如此，这种在"原本就属于我们的东西"上创设出的一般人格权观念不但反映出对所有权结构的依赖，还重新构造所谓人格权之"支配权"观念。[5]

而一旦认识到"支配权"观念的先在束缚，明白以所有权为基础的，主客体控制观念并非塑造人格权的唯一可能，一般人格权就可以实现从权利主体对客体的主宰，到权利主体对其

---

〔1〕 参见［德］卡尔·拉伦茨：《德国民法通论》（上册），王晓晔等译，法律出版社 2013 年版，第 379 页。

〔2〕 参见温世扬：《人格权"支配"属性辨析》，载《法学》2013 年第 5 期。

〔3〕 参见许可、梅夏英：《一般人格权：观念转型与制度重构》，载《法制与社会发展》2014 年第 4 期。

〔4〕 参见薛军：《人格权的两种基本理论模式与中国的人格权立法》，载《法商研究》2004 年第 4 期。

〔5〕 参见许可、梅夏英：《一般人格权：观念转型与制度重构》，载《法制与社会发展》2014 年第 4 期。

他个体特定行为的制约的思路上去了。如许可、梅夏英指出的"行为导向"模式，[1]并以此将人格权重塑为基于人格尊严不受侵犯而享有的消极性的防御性权利与基于人格发展的所享有的积极性权利。由此，即便个人信息权仍然因人格权的面向，而带有"自我决定"的控制因素，但关键并非因为信息所有权在我，所以理当支配、控制，而是因为人格发展需要，固需免遭干预、支配。[2]否则，全面转向财产法模式的人格权观，将会把生命权、健康权也理解为一种对所谓人格利益的控制，但实际上，人对于生命权、健康权岂有真正的支配与控制，对于名誉权、传统的隐私权，这些高度依赖社会反馈与评价机制的权利又怎么可以控制呢？大陆法上的人格权与美国法上的隐私权，之所以能够在财产权的影响下，发展并独立出来，固然在技术上曾借助其手段与理解方式。这种对个人信息权的理解，实际上是民法体系思维中深植的财产权观念的折射。"信息自决"的普查案中，德国学者 Hufen 也指出，户口普查判决真正的意义，不是在于资讯自决权的概念。近来法院自己阐明，此仅凸显出一般人格权而已。而早在谈论资讯自决之前，法院已从一般人格权推演出的资讯自决权的核心范围。

所以，如果仅把支配观念仅归责于民法学界的财产权路径依赖，也不免有几分苛责。公法领域的自决、控制思想来源于

---

〔1〕 参见许可、梅夏英：《一般人格权：观念转型与制度重构》，载《法制与社会发展》2014 年第 4 期。这种观点可以与后文薛军、高富平等提倡的"具体行为规制"模式归入同一脉络。

〔2〕 这里的干预与支配借用佩蒂特关于"免遭干预的自由"（freedom without interference）与"免遭支配的自由"（freedom without domination）的区分，并非同义反复。在我看来，自决理念并非不受干预的控制而已。关于自由的两种区分可以参见［澳］菲利普·佩蒂特：《共和主义：一种关于自由与政府的理论》，刘训练译，江苏人民出版社 2012 年版。关于自决理念，see Gerald Dworkin, *The Theory and Practice of Autonomy*, Cambridge University Press, 1988, p. 20。

一般人格权的自决观念。德国法上一般人格权的观念包含隐私、名誉与自主三项观念，后来逐渐发展出领域理论为手段的人格权保护理论。然而自决仅是就核心部分而言，并没有无限对外推广。学者指出德国法院创造资讯自决的概念，并非要发展出一项新的权利，其标准自始至终都是一般人格权，之所以能被形塑为"信息自决权"，除笔者认为的有立法政策上的考量外，其背后原因在于法院认为，既然个人本身支配隐私领域，因此自然能自我决定要向谁公开此等领域。因此，是以人格权之隐私领域，才推导出自决的适用的，如杨芳博士所认为的，德国联邦宪法法院论及一般人格权时，总是将其定义为个人自行决定与自己的人格密切相关的事务的自由，也正是这种或许是无意中提及的"自决权"观念为之后的个人信息自决权的诞生埋下了种子。[1] 而当领域理论在大数据时代被搁置后，这原本的逻辑却消隐，而使得自决的概念扩张了。如此广泛地强调自决概念有以"自决""控制"的形式，遮蔽了"人格尊严"的本质之嫌疑。

在当一切信息都可能构成对人格的损害的时候，私密领域的控制并不意味要使得一切信息都受到同样的私密领域的控制。公法上发展出"信息自决"恰恰体现的是对于国家操控信息的风险的体察。这既然是对风险考察，也就体现出这背后潜在的逻辑是功用主义的。换而言之，"控制"背后其实有两套话语，一套是私密领域的自决，是人格主义的；另一套则是防范风险的控制，是效用主义的。前者具有本质属性，而后者只具有工具意义，前者未必能推导出后者。工具意义毋宁更重视效用实现，至于手段为何（可能是个人的控制也可能是规制），也就不是问题了。换言之，对个人信息的支配观念源自观念的误识，

---

[1] 参见杨芳：《隐私权保护与个人信息保护法——对个人信息保护立法潮流的反思》，法律出版社2016年版，第4页。

个人信息权并不必然要求对个人信息的支配控制。

(二) 人格权利的社会面向

前文已述，人格权不必是支配控制性的，旨在消解将个人信息视为一种财产这样一种法律上的想象，更要透过对人格的概念，转介接引个人信息权的公共性价值，从而理解个人信息权受到权衡、限制的基础。需要声明，理解权衡限制的基础是必要的，否则对人格权利的限制就成为一种生硬的、赤裸裸的碰撞。虽然往往被冠以"没有什么绝对性的自由"这样的修辞，但即便是在财产权领域，学者也绝不满足于描述财产权被限制的现象，而是透过"财产权的社会义务"等观念，从"财产权功能变迁的社会基础"等方面完成的理论论证。[1]

个人信息权的讨论同样如此，个人信息权的限制必须建立在人格权的社会面向的基础上。这首先涉及宪法上的人的形象。从我国宪法上看，《中华人民共和国宪法》（以下简称《宪法》）规定国家尊重和保障人权，中华人民共和国公民的人格尊严不受侵犯。细究"人格尊严"，人格与尊严两个语词并非构成一个融贯的概念。如果说人格或者人格主义旨在强调人的社会本质的话，尊严则恰恰是个人主义的。[2]如德国学者黑塞主张基本法中由规范所确立的人之形象既不能被误解为它只强调了个体的意义，也不能被误解为它只强调了其作为集体中一分子的意义。[3]人

---

[1] 参见张翔：《财产权的社会义务》，载《中国社会科学》2012年第9期。李忠夏意识到，此种解释操作乃是通过人与人共存的内部视角和社会主义的外部视角，对基本权利的私属性加以限制。参见李忠夏：《法治国的宪法内涵——迈向功能分化社会的宪法观》，载《法学研究》2017年第2期。

[2] 参见王锴：《论宪法上的一般人格权及其对民法的影响》，载《中国法学》2017年第3期。

[3] 参见[德]康拉德·黑塞：《联邦德国宪法纲要》，李辉译，商务印书馆2007年版，第96页。

既非一个孤立的、能从其历史局限性中完全摆脱出来的个体；也非一个所谓现代"群众"中的、已经丧失其本质内涵的一粒分子。[1]更何况，我国宪法上的基本权利，也更加注重人的社会属性，维系个体在共同体中的立足、社会共同体中人与人的共存。[2]

美国著名宪法学者 Robert Post 在《隐私的社会基础》一文中主张个人信息与共同体的关联中潜藏着"个体人格（personal personality）—礼俗规则（civility rules）—社会人格（social personality）"的链条，透过隐私与个人信息的礼俗规则，人格完成了社会面向的建构。其实换一个角度理解，这些规则也容身于各种各样的"团体关系"之中，并成为人格发展之基石。如黑塞所言，宪法上的人应该被理解为一个拥有人格尊严的社会人：他有着不能让渡役使的自身价值，他能够自由地发展其人格；与此同时他又是群体中的一个成员，他要在婚姻与家庭……这些多种多样的团体关系中生存，并在这些关系的作用影响下形成其具体的个性。[3]

这里需要指出的是，之所以描摹宪法上人的形象，并确认人格尊严的人乃是社会面向的人，是要表明对人格的保护，追求人格的自由发展并不代表在个人信息保护的议题上追求某种特定的"外在的行动自由"。这种自由重在对个人资讯的自主控制可能性，但对于资讯与个人间所存在之关联，究竟对个人（人格）具有何种意义，并非其关切之重点。而"人格内在的弹性空间"绝不以"信息自决"的自由的实现来实现，因为

---

[1] 参见［德］康拉德·黑塞：《联邦德国宪法纲要》，李辉译，商务印书馆2007年版，第96页。

[2] 参见李忠夏：《法治国的宪法内涵——迈向功能分化社会的宪法观》，载《法学研究》2017年第2期。

[3] 参见［德］康拉德·黑塞：《联邦德国宪法纲要》，李辉译，商务印书馆2007年版，第96~97页。

人格不是外在的行为边界，而是内在的精神发展。尽管这种内在的精神发展，需要共同体中的交互行为，也需要政治共同体中公民的自治、自决。公民个人自决的品性虽然重要，但也绝非任意之自由。于个人信息保护领域，重要者是以可以被共同体理解的适当的个人信息披露，实现自主、自决乃至自治的人格。[1]所以个人信息权必须在人格主义的基础上作社会化的理解，[2]而绝对不能成为"为控制而控制"的自由观，[3]更不能被物化为财产观。由此，人格权的社会面向成为个人信息权权衡限制的基础。

（三）对个人信息保护的情境化理解

前文已为基于人格权的个人信息"支配观"祛魅，并指出立基于人格主义的个人信息权因其社会的面向，具有为其他利益权衡而受限的理论基础。然而具体而言，究竟应该被如何权衡限制，却尚未探讨。

以上论述虽然在不同程度上反思了控制观下的个人信息权，但根本上只是反对把控制作为人格主义在个人信息权重的理解中心，更不代表要废弃个人信息权的观念，而返回传统的领域理论中去。传统的领域理论的优越性在于以人为中心，划分了不同梯度的领域，以此适用比例原则，匹配不同强度的审查密

---

〔1〕自由主义与共和主义政治哲学与人格观念的影响。See Jed Rubenfeld, "Right to Privacy", *Harvard Law Review*, Vol. 102, No. 4, 1989, pp. 761.

〔2〕类似的观点，可以参见陈道英：《从德国法上的一般人格权看宪法权利与民事权利的协调》，载《法学评论》2011年第5期。该文分析了德国法上的权利的哲学基础在于人格主义，并主张我国法上权利之哲学价值观为"社会主义基础上的人格主义"。

〔3〕无论是对于性事项、个人信息或是对个人的接近程度的控制权都不应被视为隐私权的构成，而是自由权的不可缺少的要素（integral element）。See W. A. Parent, "A New Definition of Privacy for the Law", *Law and Philosophy*, Vol. 2, No. 3, 1983, p. 328. 该文较为系统地批判了控制观下的隐私权。

度，区分保护。而大数据时代信息流动的特性，已经使得领域划分难以维系，区分对待左支右绌，力有不逮。而作为控制的隐私权观念与隐私自由观念，在公共信息（public information）、公共空间（public space）与对抗非公机构方面虽也算有所成效，但控制观与自由观都显得太过于迟钝（blunt）与教条（dogmatic），即便允许基于安全、财产等理由予以限制，其限制理由也显得过于随意（open-ended），理论解释略显苍白。[1]

本文认为基于情境脉络完整性（下简称情境脉络理论）的理解路径，可以较好地解释个人信息保护的要旨。据 Nissenbaum 主张，情境脉络理论的核心要义是认为，没有一个领域的信息流动不是被该领域的信息流通规范（norms）所主宰的，没有一个领域的信息流通是绝对自由的。所有事的发生都在特定情境之中，政治、传统与文化预期都发挥着作用。[2]

这种理解在传统的隐私理性预期传统中是存在的，类似的理解也可以参见 Schoeman、[3] Parent 等人的论述。[4] Nissenbaum

---

[1] See Helen Nissenbaum, "Privacy as Contextual Integrity", *Washington Law Review*, Vol. 79, No. 1, 2004, p. 154.

[2] See Helen Nissenbaum, "Privacy as Contextual Integrity", *Washington Law Review*, Vol. 79, No. 1, 2004, p. 137.

[3] Schoeman 特别提到了社会关系中的情境中的隐私，与国家情境的隐私。"I argue that privacy in the contexts of our social relations protects us from social overreaching -limits the control of others over our lives." "Understanding how privacy works in the social context is more complicated than understanding how privacy works in the governmental context." See Ferdinand David Schoeman, *Privacy and Social Freedom*, Cambridge University Press, 1992, p. 1. Schoeman 从道德哲学的角度出发，认为人具有"脆弱性"，此种脆弱具有文化关联、历史背景，即根本上具有情境性。在这个意义上，Schoeman 把隐私不视为一种权利，而是一种具有细微差别的（nuanced）社会规则体系，在不同情境及其不同脆弱性的问题上防止他人对个人形成控制。See pp. 6-7.

[4] See W. A. Parent, "A New Definition of Privacy for the Law", *Law and Philosophy*, Vol. 2, No. 3, 1983, p. 307.

认为信息隐私本质上是情境性的（contextual），隐私取决于个人信息在其特定的社会情境中的个人理性预期，因此也将其权利称为情境脉络完整的权利（a right to "contextual integrity"）。我国有学者基于相同立场指出，个人信息的处理是否给用户带来隐私风险的原因并非来自其"是否构成个人信息"，而是在具体场景中"被如何使用"以及是否符合用户在相应场景中的合理期待。[1]

情境脉络理论关注于信息流动的领域，似乎也有类似于领域理论之处，但其更为具体地指出，是要让信息在其领域中遵循相应的"适当规则"（norms of appropriateness）与"流通规则"（norms of flow or distribution）。适当规则用以判断，于特定情境下，何种信息之披露是为适当的，譬如于医生则医疗、健康之信息披露是为适当；于教育资格奖助申请，则学历与学习成绩视为适当的；于投资人则过往之信用评价披露是适当的。从这个角度看，其中起关键作用的，并非领域理论所假设的"隐私领域"（Intimsphäre）、"私人领域"（Privatsphäre）、"社会领域"（Soziasphäre）的亲密或者疏离，[2]而是关系之性质。[3]如学者指出，人与人交往的行为方式伴随关系的不同而有所不

---

〔1〕参见范为：《大数据时代个人信息保护的路径重构》，载《环球法律评论》2016年第5期。

〔2〕此种分类由王锴教授介绍，参见王锴：《论宪法上的一般人格权及其对民法的影响》，载《中国法学》2017年第3期。关于领域理论还可参见王泽鉴：《人格权法：法释义学、比较法、案例研究》，北京大学出版社2013年版，第198页。也有学者用"基本权利的衍射效力理论"称之，参见田芳：《个人性自由决定权的边界——以德国宪法基本权利衍射效力理论为基础》，载《南京大学学报（哲学·人文科学·社会科学）》2016年第4期。

〔3〕类似的观点比如，Charles Fried 分析了隐私与信任、爱以及友谊的关系，这种具体分析实际上也是情境脉络中的，学者指出这三者的核心其实也是人与人的关系。See Charles Fried, "Privacy", *The Yale Law Journal*, Vol. 77, No. 3, 1968, p. 481.

同。这绝非偶然，因为行为方式在相当程度上定义了人际关系的性质。[1]而也正是在此意义上，我们定义个人信息保护的方式，权衡个人信息保护的平衡，乃是采人际关系的具体情境方式所决定的。因此，在情境脉络理论的关照下，应聚焦情境如何，注重收集信息、分析信息、传播信息的主体与对象，信息的属性，甚至于更广范围的国家情境、机构情境等。

如前所述，情境预期是将"隐私合理期待标准"情境化了，并摒弃传统"公开—私密""同意—不同意"的控制的范式。但这并非绝对走向一种客观主义的判断标准，完全忽略自主自决的面向，而是将自主自决的控制容纳于情境之中。[2]如 Charles Fried 所言，是对于我们身处的情境的控制，且更多表现出保护我们自由的防御性角色。[3]所以，情境脉络理论理解下的个人信息保护其指向首先在于特定情境中个人信息的完整呈现。这种呈现一方面当然要考虑到个人的意图，不能使个人信息被扭曲、截取，但这种意图并非简单的"个人同意"，而是与具体情境关联的，在特定情境中个人所从事的活动，个人信息处理的主体都在考虑范围。而这也就使得这种符合预期的要求，不仅是个人的，还是社会的，因为人格主义的预设本身就是社会性的。

四、三方关系中个人信息保护的基本架构

如果承认建基于人格权保护的个人信息保护需要依循一种

---

[1] See James Rachels, "Why Privacy Is Important", Ferdinand David Schoeman ed., *Philosophical Dimensions of Privacy: An Anthology*, Cambridge University Press, 1984, p. 294.

[2] 此处想请注意的是，个人的决定要置于个人与社会互动的进程中。个人自决受到限制，并不代表完全客观化了，自决是情境脉络中的考虑因素，而不是决定因素。国内首倡场景风景理念的学者范为有忽略个人自决的面向，故此注。

[3] See Charles Fried, "Privacy", *The Yale Law Journal*, Vol. 77, No. 3, 1968, p. 483.

情境式的理解,再谈论个人、国家与机构的三方关系,就也要相应地回到情境中去。固然现实生活中,公私主体常常携手侵犯个人信息,以下所作个人与国家、个人与机构、个人与个人的三个划分在实践中不仅纯粹,但或可作为韦伯意义的理想类型,以为讨论方便。

(一) 个人与国家维度

个人与国家维度首先作用的个人信息权的防御功能。因本文所述,个人信息权并非以实现控制为中心,譬如违法记录、金融信用等个人信息,更非个人所可以控制。所以是在对公的防御权面向上,体现为国家对个人信息收集与运用的限制。

已经指出,传统基于一般人格权的领域理论早在20世纪60年代面对计算机与数据库资料的威胁便已不适用,是故德国联邦宪法法院才推导出信息自决权理论,不再尝试对信息区分敏感与否,举凡国家收集之信息,均有侵犯个人信息权之虞。

按照情境脉络理论的分析方式,个人与国家之间关系相对简单,并无人际关系之信赖的任何交往关系可言。传统自由国家时代,国家无非提供基本之安全保障,对公民信息收集予以税收、兵役管理为限,国家透过信息于个人控制有限。即便现代国家转型,政府角色日益重要,个人需要国家之处日益增多,相应地提供的信息应该更多。个人面对冰冷的国家机器,对国家行为的预期亦以法治约束为限。换言之,本质上作为"人为有意创造,具目的理性与统一之秩序"的国家,[1]其与个人信息发生的关联,应仅基于特定公共利益的实现,这是一种"目的—手段"足够明确的途径。依情境考察,符合此种社会预期

---

[1] "个人—国家"的情境脉络无疑与人们对于国家的预期有关,国家作为理性构建的产物,其行动的正当性来自人民赋权,与作为"人类共同生活自发生成之秩序"的社会固有不同。

的，是个人基于法定的相对有限目标对于国家处理信息的合理期待。是故，国家对个人信息的掌握唯以公共利益支持之合法目的为限，信息的收集、处理与运用亦以法治为约束，其具体规则则不外乎法律保留、目的限定、比例原则等。

笔者需要指出的是，在国家与个人的维度内，其实保护个人信息的不仅是个人信息权，共同发挥作用的包括整个民主、法治在内的一系列公法制度，比如政府行为的预算约束、信息公开、说明理由与公众参与制度，人民可以都透过代议机关、舆论监督等民主渠道，对公权力的行为制约。个人信息权不是仅仅作为一项具有请求权功能的权利存在的，而是作为整个公法制度的一个延伸存在的。

此种具体规则之所以与通行的信息自决的理论看似相当（都注重所谓"控制"），究其深层，自决控制在个人与国家之间显得不甚突兀是有原因的。情境理论主张任何一种信息流动发生的背景本来是相对复杂的，是充满国家实定法、行业规则、交易习惯、风俗、人际关系交错调整下的场域。在国家的信息收集处理信息的情境中，收集主体及其与信息主体的关系相对单一，为"个人—国家"的对峙，利益关系体现为"个人意志—公共利益"的协调，行为模式体现为"目的—手段"的简单支配。因此，相应的决策机制也被简化，更多时候体现为，个人的自主意愿与基于公益的法定限制。但即便是在自决权的脉络中，法官借由比例原则考察的包括政府目标、处理手段，其实仍属情境脉络的整体之一部，只不过在具体的情境分析中还要注意到具体的信息收集行为，譬如政府收集之信息按一般社会预期的敏感程度，是否有长期形成的行政管理，与特定政策目标的关联程度等，当然，这都是特定目标拘束下的场景罢了。

此外，国家不仅受此基本权防御面向的限制，还负有建立相应制度、程序、组织以实现公民个人信息权的保障的义务。为此，个人信息立法、行政机关的信息法制都不可缺少。关于前者，学界已有较多讨论，有学者提出政府应该建立完善的信息管理制度的见解，他采取过程论的视角，认为应当对信息管理与个人信息保护整个过程的全方位控制。他主张的必要性原则、利益均衡原则、目的拘束原则，并健全守密义务法制与信息安全法制的观点可谓切中要害。[1]此外，个人信息权作为基本权还有导出国家对基本权保障义务，介入私法关系的面向。不过该部分在本文属于"个人—个人"与"个人—机构"的脉络，姑后论之。

（二）个人与机构维度

如前所述，非公主体对个人信息的威胁日益加剧，其中最为显著的即个人与机构之间的争端。

数据收集分析机构属非公主体，原则上不是公法意义的个人信息权的拘束对象，这也是学者在个人信息保护领域公私二分，论述几相隔绝的原因。但机构控制的个人信息未必比国家少，其技术水平与收集、处理能力甚至超过公权机关，且往往因为利益驱动不断开发，相应地，对个人信息的威胁也十分严重，加之往往具有特定服务领域的垄断地位，可谓其拥有对一般社会个人的"结构性优势"。这也是为何在欧盟语境中，虽然区分了公私主体不同标准，但总体上个人信息权可谓之一体适用，许多民法学者也常将宪法上的信息自决或个人信息权的概念，直接使用于民法的话语体系之中。这种公私不分、一体适用的个人信息权可作基本权直接效力说的体现，就此种学说可

---

[1] 参见杨建顺：《完善信息管理制度 切实推进依法行政》，载《法制晚报》2018年1月9日。

能带来的冲击及负面影响已经讨论较多。[1]笔者要指出的是，公私法二分固然是一种认识框架，在现代法律体系下有突破之可能，但还要注意到既有的调整规则，以确定以基本权直接效力的方式是否有必要。

国家不能侵犯的权利任何私人同样不能侵犯，无论这种侵犯来自什么领域[2]的观点固然不错，但也要思虑清楚，这种侵犯和"侵犯主体"有无关联，如果权利侵害的构成要件中，（侵害）主体要件会影响权利侵害的构成，那么对于国家与私人的区分就仍然是必要的。

简言之，在"个人—国家"情境中，即便纯粹的自由主义者可以宣称，除了安全秩序，我们甚至不需要国家干预，追求纯粹的自由，那么到了"个人—机构"这样一种内在于社会（相对于国家）的私主体间关系，自由主义的消极自由还在何种意义上存在，能纯粹吗？[3]非公主体与公权主体的区别需在体系中比较。

就对个人信息的掌握程度与分析能力上看，公私主体可能相当，非公主体甚至可能还具备优势，但从其受拘束的情况看则需进一步分析。如前所述，"个人—国家"之间的关系相对单一，调整规则亦以实定法为限。非公主体则不似公权主体天然受到民主价值为基础的公法制约，而是"法无禁止即自由"。但对私主体的规整并不仅限于实定法，如网络法的先行者 Lessig 教授就曾指出，网络法至少有四种规制框架在同时发挥作用，

---

〔1〕 参见陈新民：《宪法基本权利及对第三者效力之理论》，载陈新民：《德国公法学基础理论》（上册），法律出版社 2010 年版，第 349~386 页。

〔2〕 参见胡锦光、韩大元：《中国宪法》，法律出版社 2016 年版，第 169 页。

〔3〕 关于社会领域自由之异于相对国家之无干预自由。See Ferdinand David Schoeman, *Privacy and Social Freedom*, Cambridge, 1992, p. 2.

即法律（law）、社会规范（social norms）、市场（market）与架构（architecture）。[1]笔者认为，调整机构与个人关系最基础的手段是市场关系，即"商品/服务提供者与消费者"的关系，信息主体作为消费者可以选择接受商品/服务，表达其偏好。此外，此关系还受到行业规则、交易习惯、社会道德等的影响。从政治国家与市民社会二分的角度来说，企业机构内嵌于市民社会之中，其关系远较国家与个人更为复杂。

在这样一种背景下，就"个人—国家"部分而言，信息自决是整个偏向信息禁止的公法体系的最后一环，也是符合"目的—手段"单一功能的公法上信息利用情境脉络的调整手段，"个人—国家"关系中高度强调个人自由与人格尊严，对信息收集分析抱高度警惕态度是基于主体间关系决定的。

但"个人—机构"间关系首先是以私人自治为核心品质的私法关系，人格尊严因受宪法秩序调整固需保障，但是否径直以控制意义上的个人信息权或信息自决权调整则是一个在具体情境分析中，工具、手段意义的话题。有学者指出，私法上的个人信息保护不应是自决权意义上的，除了敏感信息，都不应该以同意为要件，而应当以人格尊严保护为红线。[2]这其实就折射出私法领域个人信息保护的两种选择，第一种就是完全仿造公法的制度设计，建立类似公法上，相对聚焦于"控制"的个人信息权事实证明，如果不厘清这种手段意义的"控制""自决"的背景含义，这种仿造可能会滑向完全追求"控制"，成为支配权。第二种就是高富平、薛军教授等倡导的"具体行为监

---

[1] See Lawrence Lessig, "The Law of the Horse: What Cyberlaw Might Teach", *Harvard Law Review*, Vol. 113, No. 2, 1999, pp. 501-549.

[2] 参见高富平：《个人信息保护的基础理论》，载"腾讯研究院"微信公众号 http://www.sohu.com/a/164850064_455313，最后访问日期：2018年6月27日。

管"模式，放弃主张个人信息权，而是否在私法关系上配置知情权等权能则为下一层面的问题。

在基本原理层面，笔者仅指出，宪法上的个人信息权也是人格权范围，"控制"是其重心之一，但并非其本质，至于私法层面，故需贯彻宪法上个人信息权的要求，但是否有必要确立类似的"控制"制度，应当考虑私主体间关系的具体情境脉络，以及私法规范的功能体系，如 Schoeman 所言，不应是一张"空白的针对所有人的禁止令"（a blanket prohibition directed against all others)，而是具有选择性的。[1] 如果机构的信息收集分析如 Solove 所言也成为一种类似"官僚制"形态，市场的机制、伦理的机制基本丧失功用，那么实定法层面类似"个人—国家"与"个人—机构"情境中制度具有相似性也就成为可能。

以上讨论在于从情境理解的方式厘清"个人—国家"与"个人—机构"情景的不同，是"公私异同"，以下从宪法角度审视非公主体间的个人信息保护问题，考察个人信息权对私法关系之影响，即"由公及私"。

首先自应承认，作为基本权的个人信息权作为客观法，赋予国家对个人信息权的保护义务。国家得基于此义务通过立法、行政、司法的手段介入私法关系，予以保护。如格林教授指出，长久以来，基本权利已经不再被理解为仅仅是针对国家的主观防御权。从那时起，人们便已知道，基本权利所保护的自由并非仅仅受到来自国家的威胁，因此，仅仅通过划定与国家相对的自由空间，不足以对自由提供保障……由于基本权利的缘故，国家不但要自己避免做出侵害自由的行为，而且还要积极地保护

---

[1] See Ferdinand David Schoeman, *Privacy and Social Freedom*, Cambridge University Press, 1992, p. 1.

自由免受来自第三方的侵害。[1]保护义务的功能主要体现在两个方面,其一是存续保障,即"为保护基本权利所承载的自由而必需的保障措施必须存续,不能被撤销";其二在于"当基本权利所承载的自由至今尚无针对社会威胁的保障或者这种保障还不充分时,它可以要求立法机关提供相应的保障"。[2]

至于基本权第三人效力议题,既已明确个人信息权作为一般人格权一部分在宪法学上的位阶,其势必考虑到在民法规范中的影响。对此问题,此分析框架的母国德国具有激烈论争,国内学人亦异见纷呈。譬如王锴教授主张,民法上一般人格权是宪法上一般人格权"间接"适用于民法的产物,同时,民法典规定一般人格权成为民事立法者落实基本权利国家保护义务的结果。[3]还有学者主张一般人格权系基本权利第三人直接效力说在私法规范中的实践。[4]不过,论者也承认,(直接效力说或间接效力说)都主张私法主体的法律行为或私法主体之间的法律关系或多或少都受到基本权利的拘束,其都要求私法规范或民事判决须与基本权利相一致。[5]

在此等意义上,对于未来私法关系中涉及对民法上个人信息侵害的争议,不能仅以"同意"为限。除了借助《中华人民共

---

[1] 参见[德]迪特·格林:《宪法视野下的预防功能》,刘刚编译:《风险规制:德国的理论与实践》,法律出版社 2012 年版,第 124 页。

[2] 参见[德]迪特·格林:《宪法视野下的预防功能》,刘刚编译:《风险规制:德国的理论与实践》,法律出版社 2012 年版,第 125 页。

[3] 参见王锴:《论宪法上的一般人格权及其对民法的影响》,载《中国法学》2017 年第 3 期。

[4] 参见许瑞超:《德国基本权利第三人效力的整全性解读》,载《苏州大学学报(法学版)》2017 年第 1 期。不过从其脚注 5 来看,似乎认为一般人格权随时直接效力说之实践,但亦承认基于基本权为法律续造后,私人关系间仍然适用私法人格权之规范。

[5] 参见许瑞超:《德国基本权利第三人效力的整全性解读》,载《苏州大学学报(法学版)》2017 年第 1 期。

和国民法典》（以下简称《民法典》）第 8 条[1]与第 111 条[2]对民法外的法律规定的转介，还可借助《民法典》第 7 条之诚信原则、第 8 条之公序良俗原则等条款，注入宪法上个人信息权的要求。譬如对即便是获得个人同意的，但是经法院认定超出了特定情境之一般期望的个人信息披露行为，仍然可以认定支持受害人的诉讼请求，同样的道理，对于《中华人民共和国合同法》（以下简称《合同法》）第 60 条关于附随义务的规定，即便信息主体没有授权同意，合同相对方所为的符合"遵循诚实信用原则，根据合同性质、目的和交易习惯"的信息披露等行为也不应认定为违法。

至此，在作为基本权的个人信息权对私法关系的影响上，需要综合情境考虑，如果机构呈现出较强的官僚性特征，对一般公民已经有相当"结构性优势"则可超出传统私法关系中的意思自治原则。一则体现为国家有基本权保护义务，主要采取立法手段对"个人—机构"关系展开调整，基于情境脉络中的具体问题，通过风险评估等手段，予以不同程度的规制，如果对其风险预判较高，自然可以从"知情权—信息公开""信息自决—更为完善的删除权"等制度上着手；二则体现为民事争议的私法裁判中，宪法规范对民法规范的约束，其表现形式亦可多样，或为民法上人格权的续造，或如民法上个人信息权的确立，或如其他形式的民法上个人信息保护规范的充实。

（三）个人与个人维度

个人与个人的维度，也可视为个人与共同体之间的维度。

---

[1]《民法典》第 8 条规定，民事主体从事民事活动，不得违反法律，不得违背公序良俗。

[2]《民法典》第 111 条规定，自然人的个人信息受法律保护。任何组织或者个人需要获取他人个人信息的，应当依法取得并确保信息安全，不得非法收集、使用、加工、传输他人个人信息，不得非法买卖、提供或者公开他人个人信息。

如前述，本文认为，个人信息权要旨乃是使个人信息于特定情境脉络中得到完整之呈现，从而令人格得以发展，尊严得以呈现。个人自主实融于情境之中，权利限制亦根植于此。在个人与个人（共同）间讨论，本文认为其基本原理其实为传统的隐私保护、名誉保护与言论自由的基本原理，即如何实现隐私、名誉与言论自由的平衡。当然，一种研究路径是将传统的隐私、名誉甚至言论等脉络与个人信息保护区分开，将个人信息保护作为一个专门领域予以单独研究，但本文认为既然个人信息的概念在定义上已经与这些传统的法制部门有所重叠，且在个人信息保护的强势话语之下，个人信息保护中的一些话语，比如被遗忘权已经侵入这一领域，西班牙谷歌案与我国所谓的被遗忘权第一案都折射出这一困境，所以有必要在个人信息的大框架下进行讨论。

传统的言论自由与隐私、名誉的协调话题，既有研究其实已经比较成熟。比如德国法上，雷巴赫案件分析了对私人领域的绝对保护与相对保护，讨论了基本权利冲突话题。[1]士兵是谋杀犯案件讨论了言论自由与特定群体名誉保护的关系。[2]第二次摩纳哥卡洛琳公主案涉及名人日常与私人生活照片的公布。[3]美国法上关于言论自由与隐私的冲突与权衡，在公共人物与非公共人物之间也有详细的教义分析。我国学界对此虽不甚热衷，但亦有一定认知，学界对侵犯隐私权的抗辩的研究，至少在信息

---

[1] 参见冯威：《雷巴赫案》，载张翔主编：《德国宪法案例选释（第2辑）：言论自由》，法律出版社2016年版，第49~85页。

[2] 参见王锴：《士兵是谋杀犯案》，载张翔主编：《德国宪法案例选释（第2辑）：言论自由》，法律出版社2016年版，第182~200页。

[3] 参见陈征：《第二次摩纳哥卡洛琳公主案》，载张翔主编：《德国宪法案例选释（第2辑）：言论自由》，法律出版社2016年版，第200~218页。

已披露、公共事件、公众人物等事项上有一定共识。[1]

然而，在大数据时代，个人信息一旦在网络上被公开，便永久存身于公共论坛之中，经过搜索引擎等工具的处理，便可能时时回到众人的关注中，由此，譬如雷巴赫案件中考虑的所谓"相对遥远的时间因素"被彻底改变了，[2]人的社会化，公共舆论的时间向度被打破。因而，被遗忘权被创设出来试图在互联网大数据时代保护个人的个人信息/隐私。我国语境中，裁判文书网上公开的争议也体现了相似的情况。[3]

本文讨论个人（共同体）间的此类关系，主要是从个人信息保护的视角尝试厘清二种视角的差异。

如 Post 指出的，个人信息保护/隐私保护有两个面向，一个是对机构的公平处理其信息的向度（the proper bureaucratic handling of data）的信息隐私，另一个是对关于尊重性表达的社会规范（social norms of respectful expression）确认与实现的维度的尊严性隐私。[4]被遗忘权显现出这两个维度也完全依托于两种不同的有关社会生活性质的想象。[5]在 Post 看来，机构情境的逻辑会认为信息应当被特定目的所拘束，对这种信息主体的侵

---

[1] 参见叶名怡：《真实叙事的边界——隐私侵权抗辩论纲》，载《中外法学》2014 年第 4 期。

[2] 参见冯威：《雷巴赫案》，载张翔主编：《德国宪法案例选释（第 2 辑）：言论自由》，法律出版社 2016 年版，第 80 页。

[3] 参见李友根：《裁判文书公开与当事人隐私权保护》，载《法学》2010 年第 5 期。

[4] See Robert C. Post, "Data Privacy and Dignitary Privacy: Google Spain, the Right to Be Forgotten, and the Construction of the Public Sphere", *Duke Law Journal*, Vol. 67, No. 598, 2017, p. 12.

[5] See Robert C. Post, "Data Privacy and Dignitary Privacy: Google Spain, the Right to Be Forgotten, and the Construction of the Public Sphere", *Duke Law Journal*, Vol. 67, No. 598, 2017. p. 12.

害与传统的隐私侵害是没有关联的。[1]机构情境,最为典型的情形就是单一特定用途对于信息使用的约束。一旦信息披露的目的被达成,就应该撤下相关信息,为实现此目的,赋予个人权利,得以主张删除权或被遗忘权是合适的。

但是在一个共同体中的人与人的交往中,一条微博、一条朋友圈的表达并不像机构情境那样服务于一个特定的目的,很多重大的新闻事件也都是当事人的无意表达或是周边人的评论转发产生扩大效应的,在此过程中按照控制观念的个人信息权,个人的信息当然"失去了控制",但在何种程度上可以构成对"人格尊严"的损害,是必须回到情境脉络中去判断的。此外,即便一些信息超出了信息主体的预期,但如果其公布在社会预期内不仅不会被认为有违人格尊严,相反还会认为有促进言论自由之功能。个人信息保护的主流规范也并非没有意识到这个问题,因而在欧盟《通用数据保护条例》第17条(被遗忘权)的但书条款 a 项中,列举了为了行使言论和信息自由的权利,2012 年《个人数据处理中的个人保护公约》的第 9 条第 1 款 b 项目也特别列举保护数据主体或其他人的权利和自由,尤其保护言论自由。

由此,再返回个人信息保护的相关规范脉络里,既有的个人信息定义基本上是无所不包的,与传统的隐私概念也有千丝万缕的重合。笔者认为在体系上,个人信息保护法无法作出彻底的切割,所以必须在内部体系上作出区隔安排。本节指出了在个人与个人(共同体)的维度,以机构情境为预设对象的个人信息保护的逻辑恐不适用,但这也不妨碍我们将个人与个人

---

〔1〕 See Robert C. Post, "Data Privacy and Dignitary Privacy: Google Spain, the Right to Be Forgotten, and the Construction of the Public Sphere", *Duke Law Journal*, Vol. 67, No. 598, 2017, p. 17.

(共同体）间的纠纷视为个人信息权效力辐射下的话语讨论。

从"个人—国家"，到"个人—机构"，到"个人—个人"的不同情景，个人信息流通的背景越发多元。信息流通不仅包括有为实现特定目的（比如公共利益）的流通，也有大量无特定目的的流通（比如社交平台上的流通）。其中涉及的行为主体、利益相关方也更加多元。相应地，在架构个人信息保护的框架的时候，也要匹配不同的保护手段，并理解保护手段本身具有的体系性，甚至某些时候制度本身也构成了一种分析时的环境。

以宪法位阶的个人信息权强调个人信息保护，在公私诸领域辐射其效力，并基于人格权的社会面向，以情境式的方式理解个人信息保护的目标是在国家、机构与个人间实现个人信息保护的前提。在这一意义上，本文仍只是一种框架的初步构建。未来具体到个案情境中，国家代表的公共利益仍然要经受传统的比例原则的衡量，机构究竟是否具有"官僚制"的特征、"结构性优势"或许还要结合机构情景中信息公开程度、市场垄断程度等其他事实要件而定。至于被认为相对传统的个人与个人情景中，也要考虑到信息的公私属性、时间要素等对于信息传播与流通的影响，才能真正实现人格尊严的保障。

算法技术应用于公共决策的边界

赵 宏[*]

一、引言

数字时代,算法正以其独特的方式改变着人类决策的构造。人们最初适用算法进行决策还仅停留于私人生活和商业领域,如新闻推送、手机导航、商品销售和医疗保健等。由于在运行速度、准确性和处理复杂问题上的卓越能力,算法技术已然从私人生活深入公共决策。迄今为止,我国公共机构应用算法决策已广泛覆盖行政审批、交通执法、信用评估、税务稽查、风险防控等诸多领域。

将决策权委于算法并不仅意味着决策方式的简单改变或迭代,其引发的典型后果就有经由决策的算法化所导致的算法的权力化,即算法已成为对个体生活产生普遍且持久影响的公共力量,而当算法技术与国家权力相结合,其甚至不再只是一种"准国家权力"。[1]公共决策的算法化对国家治理有明显赋能,

---

[*] 中国政法大学法学院教授,法学博士。本文系司法部国家法治与法学理论研究一般项目"重大突发公共卫生事件下的数据治理问题研究"(项目编号:21SFB2009)的阶段性研究成果。

[1] 参见陈景辉:《算法的法律性质:言论、商业秘密还是正当程序?》,载《比较法研究》2020 年第 2 期。

这种作用不仅体现于国家在治理信息收集、加工和反馈上的及时、精准与高效，还表现为原本由法律规则、行政命令、公务人员所驱动的行政系统，也渐次蜕变为由软件代码和统计操作所驱动的"自动分析、自动决策和自动执行"的算法行政系统。[1]例如，在智慧交通体系建设中，算法可直接对监控查获的交通违法行为处以罚款；再如，在疫情防控期间，算法可根据个人的健康状况和感染风险直接对其健康码予以赋码或者弹窗，从而阻止其随意出行。在上述过程中，算法都彻底从人工手中接管了行政调查、决策和执行的权力。

但算法与公共决策的结合又具有复杂的多效性，其带来行政决策、监管和执法能力的升级，同时又不可避免地引发过度侵蚀个人权利的问题。在很多场景下，因为缺乏警觉且法律规制滞后，算法和公权力的结合甚至催生出一种不受约束的"霸权"，其不仅打破了传统法治经由权力制约与权利保障所建构的权力与权利间的平衡，加剧了国家与个人之间的权力/权利势差，也重新引发个人权利保障的危机。在算法进入公共决策后，就有不少学者关注到其复杂的外部性，提示要对公共决策的算法化予以警惕和防备，强调借由法律来驯服算法。但相比已在公共领域畅行无阻的算法，上述构想很大程度上还仅停留于观念层面。尤其是既有讨论很多都将对算法权力的规制引向算法解释和正当程序，认为只要解决了算法的可理解性和程序控制问题，就能够有效破除算法黑箱所导致的算法偏误、算法歧视以及无法追责的难题。这些讨论对于驯服算法当然有益，但其似乎忽视了一个重要的实体法前提，即是否所有的公共决策都可以不加区分地适用算法？公共决策是否需对算法适

---

[1] 参见张欣：《算法行政的架构原理、本质特征与法治化路径：兼论〈个人信息保护法（草案）〉》，载《经贸法律评论》2021年第1期。

用设置门槛？既然国家权力和算法技术的结合会形成对个体更有力的支配和压制，这也意味着，如果我们不加防备地允许算法进入所有的决策领域，仅靠事中的算法解释或者事后的追责机制，根本无法避免个人被算法霸权所奴役和压制。基于上述思考，本文尝试探寻公共决策可完全适用算法的事项范围和实体边界，目的也在于从源头处就对算法决策的启动设置严格条件。

二、公共决策适用算法的典型问题

国家权力和数据权力的结合被很多学者描述为"数治"（rule by data）。[1]数治不只是提升了行政监管的效率，更带来国家治理能力的升级。这种赋能效果又端赖于算法在深度学习、结构性嵌入社会权力运作系统并对社会生活无孔不入地进行干预以及对人类行为予以普遍性支配等方面表现出的巨大优势。[2]但也因为上述优势，国家权力与算法技术的结合极易催生出几乎不受任何约束的数据"霸权"，国家也会借助算法赋能而对个人形成更有力的支配和压制。

（一）算法操控与个人主体性的丧失

在算法加持下，国家权力的作用范围不再受物理世界中空间和时间的限制，其可以借由信息的互联互通，在极短时间内覆盖至社会生活中的每个人，并涵盖其生活的每个位置和时刻。[3]这也更易引发群体性的、规模化的，而非传统单体性的、单向

---

［1］参见王锡锌：《行政机关处理个人信息活动的合法性分析框架》，载《比较法研究》2022年第3期。

［2］参见张凌寒：《算法权力的兴起、异化及法律规制》，载《法商研究》2019年第4期。

［3］参见郭哲：《反思算法权力》，载《法学评论》2020年第6期。

度的权利侵犯。[1]

既有的研究将算法对个体权利的影响大致归纳为算法歧视和算法操纵几个方面,并认为其已对个人隐私权、平等权以及人格尊严都产生挑战和破坏。[2] 侵害隐私权和平等权的背后又是国家权力借助算法而对个人的操控。倚仗对个人信息的广泛收集,算法使政府更易实现对个人的精准监控和追踪;数字技术使个人被数字化和数据化,也更易为国家所支配和控制;算法黑箱又将决策权拖进了由技术复杂性所构建的不透明区域,从而进一步吞噬了个人权利的行使空间,受算法决策影响的个人不仅丧失了参与、质疑甚至反对决策的机会,也失去了正当程序的保障;自动化决策中责任人的缺失,亦使个人再无法通过传统追责或救济机制予以反制。由此,在适用算法后,个人不仅面临隐私暴露、被区别对待、权利克减等侵害风险,其作为人的主体性同样被剥夺和贬损。

(二) 算法决策对传统法治的突破

传统法治用以约束公权力的主要方式在于权限控制、程序控制和后果控制,即事前、事中和事后的法律控制。

权限控制主要依赖由法律优先和法律保留所构成的"依法律行政原则"。其中法律保留将关涉个人基本权利的事项交由民选产生的机构来处置,由此避免了个人权利沦为行政专断的对象。法律优先也要求行政活动必须以法律为依据,在构成要件和后果选择上都要依据法律的指示,而不能擅自悖离。但因有算法庇护,依法律行政原则在行政实践中轻易就被突破。以健

---

[1] 参见沈伟伟:《论数字紧急状态的恢复机制——以新冠疫情防控为例》,载《清华法学》2021 年第 2 期。

[2] 参见张恩典:《论行政自动化算法决策的正当程序控制》,载《私法》2021 年第 2 期。

康码弹窗为例，健康码被弹窗后，个人的出行自由即受限制，其必须在规定的时间内进行核酸检测，或者需向所居住的社区、村、酒店或单位报告，待风险排查后才能解除弹窗。从行为属性和法律后果而言，弹窗其实已属于基于风险预防目的而对个人人身自由予以限制的行政强制措施。因为事关人身自由，我国立法法、行政强制法都明确规定，限制人身自由的强制措施属于法律保留的事项，即属于立法机关民主议决的事项。但决定适用弹窗设置的却为地方政府，适用过程也未经事先评估或民主决议。由此，在算法技术加持下的国家权力，轻易就突破了传统法治中的权限合法性检视。

传统法治对公权力予以限制的事中机制在于程序控制。但被传统法治奉为圭臬的正当法律程序原则同样因为算法的适用而被架空。算法决策压缩了行政活动的各个环节，将所有信息与内容杂糅进既定的算法之中得出相应结果，结果也在系统内瞬间完成，此时已无法再分离出行政活动的程序、步骤和方法，正当法律程序针对行政分阶段和分步骤的规制也因此悬置。[1]与程序要求悬置对应的又是当事人程序参与权的缩减。算法决策在很多时候都被认为是"去人性化的"（entpersönalisiert）[2]，它不仅取消了行政与人之间的沟通可能，也因不透明而引发理解和执行困难，并最终降低了公共行政的社会信赖。

徒留空壳的还有事后救济和追责权利。因为透明度不足以及缺乏明确的责任人，在算法出现偏误、歧视等不公结果时，当事人的救济权利同样无法得到充分保障。仍旧以健康码弹窗

---

〔1〕 参见张凌寒：《算法自动化决策与行政正当程序制度的冲突与调和》，载《东方法学》2020年第6期。

〔2〕 See Julius Helbich, "Rechtsfragen der'automatisierten'Ermessensausübung im Steuerrecht", *DStR*, 2017, S. 575.

为例，弹窗会使当事人的出行自由受到限制，因此属于对当事人的权利产生明显影响的法律行为，也理应属于行政复议和行政诉讼的范畴。但当事人真正要行权就会面临无法确定责任主体的难题。而且，令人生疑的是，《中华人民共和国个人信息保护法》（以下简称《个人信息保护法》）在规定国家机关不履行个人信息保护义务的法律责任时，也仅在第68条第1款规定了内部责任，国家机关不履行本法规定的个人信息保护义务的，由其上级机关或者履行个人信息保护职责的部门责令改正；对直接负责的主管人员和其他直接责任人员依法给予处分。这就使对算法决策诉请复议和诉讼虽然在理论上和逻辑上能够获得证立，却无法找到切实的规范依据。

三、《个人信息保护法》中的算法决策规范与适用问题

《个人信息保护法》对算法决策的规定仅有第24条、第55条和第73条三条。第73条明确"自动化决策"的含义是通过计算机程序自动分析、评估个人的行为习惯、兴趣爱好或者经济、健康、信用状况等，并进行决策的活动。[1]第55条第2项要求，当"利用个人信息进行自动化决策"的，个人信息处理者应当事先进行个人信息保护影响评估，并对处理情况进行记录。第24条作为自动化决策的核心规范共有3款，其中可直接适用于公共机构的有两款：其一，个人信息处理者利用个人信息进行自动化决策，应当保证决策的透明度和结果公平、公正；

---

[1] 我国《个人信息保护法》中有关"自动化决策"的定义杂糅了欧盟《通用数据保护条例》第4条对"用户画像"的定义。但两者之间其实存在一定的差异。用户画像的核心在于对自然人特定特征或行为的分析和预测，其可以通过完全自动化或者非完全自动化处理方式得出；而自动化决策虽然经常被应用于用户画像，所涉及的处理行为却更为广泛。参阅王苑：《完全自动化决策拒绝权之正当性及其实现路径——以〈个人信息保护法〉第24条第3款为中心》，载《法学家》2022年第5期。

其二，通过自动化决策方式作出对个人权益有重大影响的决定，个人有权要求个人信息处理者予以说明，并有权拒绝个人信息处理者仅通过自动化决策的方式作出决定。这两款规定为公共机构适用算法决策设定了"予以说明"以及"保证算法决策的透明度和结果公平、公正"的义务，同样赋予个人要求说明和拒绝仅通过自动化决策的方式作出决定的权利。但上述规定在多大程度上构成对公共机构适用算法决策的拘束，这种拘束又存在何种欠缺，仍需对条文进行细致分析。

（一）免受自动化决策：权利抑或禁令的争论

从条文构造看，《个人信息保护法》第 24 条是对欧盟《通用数据保护条例》（以下简称 GDPR）第 22 条的借鉴。但 GDPR 对自动化决策的立场，到底应理解为是对自动化决策的一般禁令还是对个人免受自动化决策的赋权，一直存有争议。而这也构成了评析《个人信息保护法》第 24 条规定的背景。

作为 GDPR 前身的欧盟《个人数据保护指令》（以下简称 DPD）出于对人的主体性的强调以及为避免个人在算法社会被异化，规定了数据主体享有免受仅基于用户画像的完全自动化决策的权利。GDPR 沿袭并完善了 DPD 的规范模式：（1）数据主体有权拒绝仅基于自动化决策作出的、对其产生法律效果或类似重大影响的决定；（2）基于数据主体的明确同意、法律授权以及履行合同目的所必须不受上述条款限制；（3）限制豁免应当保留数据主体进行人工干预以及提出质疑的权利；（4）第 2 款中的三项豁免不适用于敏感数据的处理，除非获得数据主体的明确同意或者为了维护公共利益并且已采取合适手段保障数据主体权利。

从条文表述来看，GDPR 第 22 条是赋予了信息主体拒绝算法自动化决策的权利，信息主体事后可针对算法偏误或不公进行主动干预，并拒绝承认其效力。但欧盟第二十九条资料保护工作组在发布解释性文件时，却认为第 22 条属于自动化决策的禁令，即完全的自动化决策以及产生法律上或近似重大影响的识别分析原则上都属于禁止性行为。由此也拉开关于此规定是禁令还是权利的长久论战。

属于"禁令"还是"权利"会在法律上产生迥然不同的效果。如果将其理解为赋权则意味着，信息处理者在信息主体拒绝之前，仍可采用自动化决策的方式对个人信息进行决策；而禁令的理解则会使信息处理者的自动化决策行为自始就不被允许，除非其满足 GDPR 中规定的豁免情形。禁令说的支持理由在于，免受自动化决策约束权无法从根本上保护个人免受自动化决策的侵蚀和影响，因为算法黑箱使自动化决策行为极为隐蔽，个人很难察觉其数据是否被处理以及被谁以何种方式处理，而且事后的拒绝权不仅行权困难，其指向的一般也仅限于自动化决策本身，而无法触及最终的处理结果。[1] 德国《联邦数据保护法》及英国《数据保护法（草案）》就因上述考虑都采用了禁令模式。但权利说的支持者则认为自动化决策可以给社会整体带来客观利益，采用禁令模式虽可保护数据主体免受算法操控，却会阻断技术创新，也同样影响算法技术的良性发展与合理应用；而且，在自动化决策已实质性进入社会服务各领域的背景下，采取普遍禁令还给企业带来高昂的合规成本。[2]

（二）《个人信息保护法》第 24 条的规定与问题

从《个人信息保护法》第 24 条的规定来看，我国在处理自

---

〔1〕 参见程啸：《个人信息保护法理解与适用》，中国法制出版社 2021 年版，第 226 页。

〔2〕 参见唐林垚：《"脱离算法自动化决策权"的虚幻承诺》，载《东方法学》2020 年第 6 期。

动化决策的问题上选择了相对中立的权利立场,即并未普遍性禁止自动化决策在私人领域和公共领域的适用,但赋予个人要求个人信息处理者予以说明,并有权拒绝个人信息处理者仅通过自动化决策的方式作出决定的权利,同时附加个人信息处理者利用个人信息进行自动化决策,应当保证决策的透明度和结果公平、公正的要求。

"有权拒绝个人信息处理者仅通过自动化决策的方式作出决定"直接对标 GDPR 中的"数据主体有权拒绝仅基于自动化决策作出的、对其产生法律效果或类似重大影响的决定"。[1]在 GDPR 的规定中,此项权利不仅赋予了数据主体在事后阶段自主决定是否接受该决定并受到相应约束的权利,同时也蕴含了与此相关的反对权、知情权、人工干预权、表达权等丰富的配套行权体系。[2]其本质是通过赋予数据主体事后的普遍反对权,使个人未能及时在事前获得预警、事中发动阻击之时,依然能够在事后通过程序性救济缓解和降低算法风险。

我国之所以未采用禁令模式而是采用权利模式,目的当然是期望在数据利用利益和个人主体性之间求取平衡。但从条文规定来看,这种"免受自动化决策约束权"在行权时又须满足以下要件:

其一,决定必须是仅通过自动化决策的方式作出。要求决定必须是仅通过自动化决策的方式作出与 GDPR 第 22 条的规定一致,即免受自动化决策约束权仅适用于自动化决策过程完全由系统进行,无须任何人工干预,其决策结果也未受到任何人

---

[1] 这种权利此前已被学者翻译为反对自动化决策权、脱离自动化决策权、自动化决策免除权、免受自动化决策约束权等。本文采用张欣老师"免受自动化决策约束权"的译法。

[2] 参见张欣:《免受自动化决策约束权的制度逻辑与本土构建》,载《华东政法大学学报》2021 年第 5 期。

为因素影响的类型。但将此前提作为行权要件在欧盟也存在争议。实践中，算法与人工判断交互参与的人机回圈反馈形式相当普遍，而人工参与的自动化决策在稳定性、准确性等方面也并不必然优于纯粹的机器决策。[1]因此，这一规定可说不当限缩了条款约束的自动化决策的类型。此外，这种要求还会诱导算法控制者为规避该条款的适用而采用形式上的人工干预或伪造出人工干预的痕迹。

其二，必须是对个人权益有重大影响的决定。GDPR 第 22 条第 1 款将对"个人权益产生重大影响"描述为"对数据主体产生法律或类似的重大影响"。既然是以 GDPR 为蓝本，那么其对"个人权益产生重大影响"的解释同样可为我们所参考。欧盟第二十九条资料保护工作组发布的《有关 GDPR 自动化个人决策和识别分析的准则》规定，"法律影响"是指处理活动对个体的法律权利、合同约定权利以及法律地位产生的影响。"重大影响"是指对数据主体产生长期或永久影响，或在最极端的情况下导致对个人的排斥或歧视。[2]"类似的重大影响"则是将影响认定标准予以实质性拓展。但这些解释均未达到条文适用的精准性要求，概念意涵也仍旧模糊。

其三，如果再对照此前《个人信息保护法（草案）》会发现，本条其实还隐含了另一项行权前提。《个人信息保护法（一审稿）》规定的是，个人认为自动化决策对其权益造成重大影响的，有权要求个人信息处理者予以说明，并有权拒绝个人信息处理者仅通过自动化决策的方式作出决定，但"个人认为"

---

[1] 参见张欣：《免受自动化决策约束权的制度逻辑与本土构建》，载《华东政法大学学报》2021 年第 5 期。

[2] 参见王苑：《完全自动化决策拒绝权之正当性及其实现路径——以〈个人信息保护法〉第 24 条第 3 款为中心》，载《法学家》2022 年第 5 期。

后来被认为过于主观，会增加企业的负担，因此在正式稿中被修改为，通过自动化决策方式作出对个人权益有重大影响的决定，个人有权要求个人信息处理者予以说明，并有权拒绝个人信息处理者仅通过自动化决策的方式作出决定。如此修改也就意味着，个人必须就自动化决策对其权益有重大影响负担举证责任。[1]

相对严苛的行权限制已使赋权模式对算法决策的约束效果受限。除了行权要件的限制外，《个人信息保护法》的这一条文尚有不少含混之处：首先，与免受自动化决策约束权相配套的是"个人有权要求个人信息处理者予以说明"的权利。但从条文表述看，"要求说明"的前提与免受自动化决策约束权一样，都是数据处理者已通过自动化决策的方式作出对个人权益有重大影响的决定，这也意味着，此处的要求说明并非数据主体事前的知情权和拒绝权，并无法保障数据主体在自动化决策布控前就获取必要信息、建立合理预期，甚至拒绝决策行为。其次，本条虽然规定了个人免受自动化决策约束权，但个人有权拒绝的究竟只是"个人信息处理者仅通过自动化决策的方式作出决定"还是"自动化决策的结果"，条文同样语焉不详。[2]如果拒绝权所针对的只是"自动化决策"而非"自动化决策的结果"，那么结果一旦作出，事后的拒绝权其实已无助于消除自动化决策所带来的后果。

四、公共决策适用算法的界限缺失与背后原因

由上述分析可知，因为采取的是赋权模式，我国公共决策

---

〔1〕 参见程啸：《个人信息保护法理解与适用》，中国法制出版社2021年版，第223页。

〔2〕 参见王苑：《完全自动化决策拒绝权之正当性及其实现路径——以〈个人信息保护法〉第24条第3款为中心》，载《法学家》2022年第5期。

适用算法技术在源头处并未受到实质性限制。公共决策仍旧可以畅行无阻地适用算法，其可能遭遇的障碍只有信息主体事后的免受自动化决策约束权。但免受自动化决策约束权本质上只是事后阶段的控制，并无法覆盖事前的风险预警和事中的有效阻击。而且此项权利在行权时不仅面临规范要件上的约束，还会受到数据主体可能怠于行权或者力量薄弱的现实因素的掣肘。由此来看，《个人信息保护法》虽对算法决策有了一定的规范基础，但这些规范不仅质效单薄，其中还隐含着未对公共决策适用算法设置实质界限的重大缺漏。造成这一缺漏的原因主要有二：一是常规算法规制路径的影响；二是《个人信息保护法》"一体化调整"模式的问题。

（一）程序控制和主体赋权的缺陷

算法规制的一般径路主要有算法公开、个人数据赋权与反算法歧视。[1]算法公开被认为是对抗算法黑箱的核心方式，其目标是借由算法解释来破除算法的不透明和由此产生的偏见、歧视和操控；个人数据赋权是通过扩展个人的算法权利体系和类型，使个人在面对算法技术时重新赢回控制权，而不致使其主体性因算法权力的异化被蚕食和吞噬；反算法歧视则是通过尽力消除算法中隐含的身份歧视，由此来实现身份中立化的算法决策。

但上述规制路径是否可以解决算法技术适用于公共决策的问题值得怀疑。其关键就在于，算法公开、反算法歧视甚至个人的数据赋权，都是内嵌在针对算法的正当程序中。例如，算法公开和反算法歧视主要借助数据处理者在决策过程中的算法解释达成，个人数据赋权也是赋予个人在算法决策全过程中的知情、表达、提出异议以及要求人工干预等数据权利来确保算

---

[1] 参见丁晓东：《论算法的法律规制》，载《中国社会科学》2020年第12期。

法的程序正义。这种模式被认为是因应人工智能技术的"技术性正当程序"（technological due process）。其具体展开会针对新兴技术而予以调整，但核心要素却仍旧与传统正当程序一致。[1]

但这种内嵌于正当程序中的算法规制本质上仍旧是针对算法的程序性控制。程序性控制旨在为算法运作过程提供过程性的降低算法损害发生概率、侵害广度与深度的风险预防性措施，却既不能确定地避免某项算法损害的发生，也无法对已然发生的算法侵害提供符合人类理性与正义要求的规范上可感的修复。[2]这些缺憾其实在学者讨论赋权模式时就已被不断提及。例如，针对《个人信息保护法》第24条第3款的拒绝自动化决策约束权只是一种事后救济，而非贯穿始终的个人参与，就有学者尝试吸纳GDPR的思路对其予以改造，认为立法并未将拒绝自动化决策约束权局限于事后救济，而是同样包含在自动化决策开始前，就对采用完全自动化决策方式处理个人信息知情且有权拒绝，在自动化决策过程中主动予以干预的权利，即对自动化决策过程的全程参与。[3]但是，即便参照GDPR赋予了数据主体一种全周期和成体系的个人算法权利体系，在应对算法决策时还是会出现重大遗漏。无论是作为表象的程序控制还是内嵌入其中的实体赋权，所缺失的都是在源头处对算法进入公共决策予以严格把控。

既然无法从源头上阻断某项算法决策的应用，当然就无法彻底避免该项决策可能造成的损害。这一点只要回溯传统法治的规范方式即可获知：如果不是在行政机关行使职权之前，就

---

[1] 参见刘东亮：《技术性正当程序：人工智能时代程序法和算法的双重变奏》，载《比较法研究》2020年第5期。

[2] 参见王莹：《算法侵害责任框架刍议》，载《中国法学》2022年第3期。

[3] 参见王苑：《完全自动化决策拒绝权之正当性及其实现路径——以〈个人信息保护法〉第24条第3款为中心》，载《法学家》2022年第5期。

借助法律保留为其划定行为界限，而仅靠事中的程序控制或者以相对人的程序参与作为制衡，就无法防堵行政权力的滥用，也不能避免权利侵害的发生。其原因在于，主体赋权的保护模式原则上只有在双方地位平等且行权没有障碍的情形下才能发挥效用，在双方力量悬殊时，单纯地赋权并不足以改变权力/权利之间的势差。而且，在公法中，个人权利与国家的客观义务也并非一一对应，权利总是个别且列举性的，难以将公法中的权限和程序所具有的制度性自我规制，以及对抽象的公民整体权利保护全部归纳入个人的权利体系中[1]。这也是公法在建构完整的个人公法权利体系之余，同样强调限定公权机关的权限范围以及科予其客观守法义务的原因。

（二）《个人信息保护法》公私一体调整的问题

算法会因使用主体、针对对象、所涉问题的不同而有显著差异。场景不同，对其采用的规制方式自然也应不同。而《个人信息保护法》第24条的问题还在于，其主要以算法技术适用于私人生活和商业领域为基础构建，并未考虑算法技术适用于私人领域与公共领域的区别。

这一点又与《个人信息保护法》一贯的规范模式有关。《个人信息保护法》第33条规定，国家机关处理个人信息的活动，适用本法。这就说明我国在个人信息保护问题上适用的是国家机关与其他信息处理者同等对待，原则上适用同一法律框架的"一体调整"模式。[2]但将两种不同类型的数据活动都诉诸以私人场景为基础建构起的规制框架，必然会导致对公权机关的

---

[1] 参见[日]小早川光郎：《行政诉讼的构造分析》，王天华译，中国政法大学出版社2014年版，第189页。

[2] 参见王锡锌：《行政机关处理个人信息活动的合法性分析框架》，载《比较法研究》2022年第3期。

规范错焦与效力松弛。

就信息处理而言，私人机构处理个人信息由"告知同意"这一核心原则来调控，其目标是通过赋予个人对自身数据的控制权，来避免他人对其数据人格的贬损和抑制。这一原则之所以能够成为调控私人处理个人信息的法权基础，又在于作为私人的信息处理者与数据主体之间本质上是一种对等的交换关系。以此为视角再观察 GDPR 对自动化决策的"全周期联动行权机制"也会发现，其设置了事前算法的风险识别预警机制，例如，告知自动化决策和识别分析的存在及后续后果（序言第 60 条）；向数据主体提供详细联系方式表示任何拒绝的决定都可被重新考虑（第 22 条第 3 款）；数据主体对以直接市场营销为目的的自动化处理具有无条件拒绝权；除非有压倒性合法理由凌驾于数据主体利益或者自由权利之上，否则也有权拒绝数据处理（包括用户画像）（第 21 条），这种事先告知并征得同意的处理方式本质上正是告知同意原则的思路延伸。

但因考虑到将告知同意适用于公职履行会影响乃至破坏国家的执法能力，《个人信息保护法》已将国家机关"为履行法定职责或法定义务所必需"的行为从同意原则的适用中豁免，即使是告知义务也被缩减为"有限度的告知"，即有法律、行政法规规定应当保密或者不需要告知情形的，可以不向个人告知。[1] 既然告知同意不再能对公权机关的数据收集和处理行为发挥核心调控作用，就同样说明，以其为思路衍生出的对当事人的全周期数据赋权，尤其是允许其事先知情和拒绝的做法，并无法有效规制公共机构的算法决策。

而且，与私人机构适用算法决策不同，公共机构将决策权

---

[1] 参见赵宏：《告知同意在政府履职行为中的适用与限制》，载《环球法律评论》2022 年第 2 期。

诉诸算法，很多时候不仅无须经过个人同意，个人也几无拒绝的可能。再回到"北斗掉线案"。交通运输部于 2012 年年底就下发通知明确要求，自 2013 年 1 月 1 日起，示范省份所用的旅游包车、大客车、危险品运输车辆需要更新车载终端的，都应安装北斗兼容车载终端。未按规定安装或加装北斗兼容车载终端的车辆，不予核发或审验道路运输证。不安装就"不予核发或审验道路运输证"，作为决策承受者的相对人在此并无拒绝的可能。健康码的适用同样如此。早在健康码普遍适用前，全国信息安全标准化技术委员会在 2020 年 3 月发布的《信息安全技术个人信息安全规范》中就确定，在关涉公共卫生、重大公共利益以及维护个人信息主体或其他个人生命的情形中，可以不征询信息主体的同意使用个人信息，而重大突发公共卫生事件的爆发又为个人信息权的克减提供充分基础。因此，在实践操作上，健康码的推行不仅未遭遇任何阻力，还呈现无差别全员收集、实时收集、事无巨细、易跨平台复制转移认证、可长期保存〔1〕的特点。公权机关适用数字技术履职无须征得当事人同意，同样隐含在除《个人信息保护法》以外的其他规范中。例如 2021 年修订后的《中华人民共和国行政处罚法》（以下简称《行政处罚法》）第 41 条在规定行政机关利用电子技术监控设备时，也未将事先获得公众同意作为要件，其适用前提只是"依照法律、行政法规规定""经过法制和技术审核"。

  这些现实做法与规范规定都说明，以私人机构适用算法技术构建出的赋权模式来规制公共机构，既不充分也不完备。具体到公共机构适用算法决策，如果只是依赖《个人信息保护法》第 24 条单薄的赋权规定，而缺乏对算法决策边界的规范，无疑

---

〔1〕 参见沈伟伟：《论数字紧急状态的恢复机制——以新冠疫情防控为例》，载《清华法学》2021 年第 2 期。

会因规范缺漏而放纵算法技术与公共权力不断结合,并使个人的主体性因受算法操控而被蚕食。

五、法律保留作为边界划定的思考框架及其考虑因素

为避免个人尊严的保护被完全淹没在追求技术福利的目标之下,对公共决策适用算法设置界限无疑是必需的。有学者也提出,在算法投入公共决策的应用之前,有必要建构合理的应用清单,以明确哪些政府治理领域可以完全交由算法决策,哪些领域可以采取人机交互、合作的方式展开治理,哪些领域则应完全禁止算法决策。[1]但正如列举常规的政府权力正面和负面清单都基本不太可能,面对动态发展的算法技术以及隐秘性、扩散性的算法风险,要清晰划定算法技术适用于公共决策的边界就更为困难。域外有限的法例和学理在此问题上的处理不仅做法不一,也基本未形成一般共识。但即使是无法得出确定无疑的边界,借由域外经验大致确定考虑边界时应权衡的因素,仍旧是可行且有益的,它至少可为确定算法能否适用于公共决策提供评判标准和思考框架。

(一)法律保留作为形式合法性依据

传统法治用以确定公共机构尤其是行政机关权力边界的首要原则是法律保留。法律保留决定行政机关采取某种措施介入社会的容许性,其逻辑是将国家的基础决定都交由最具民主正当性的议会,由此使立法在保障基本权利、控制行政权上发挥核心作用。[2]

---

[1] 参见陈锐、王文玉:《算法嵌入政府治理的权力异化风险及其规制方案》,载《理论探索》2022年第6期。

[2] 参见王贵松:《行政活动法律保留的结构变迁》,载《中国法学》2021年第1期。

1. GDPR 中隐含的加重法律保留

法律保留应作为公权机关适用算法决策的界限又可参考 GDPR。GDPR 第 22 条第 2 款规定的免受自动化决策约束权的三项例外分别是：其一，决策对于数据主体和数据控制者之间的合同订立和履行是必要的；其二，决策是由数据控制者所应遵守的欧盟或成员国法律授权的，该法律提供了保护数据主体权利、自由和合法权益的适当措施；其三，决策是基于数据主体的明确同意作出的。第二项明显针对算法技术适用于公共决策。为避免限制泛化，欧盟第二十九条资料保护工作组还在《有关 GDPR 自动化个人决策和识别分析的准则》中对其予以进一步限定，即只有明确获得法律授权，出于公共利益、风险防控或者确保控制者提供服务的安全性和可靠性等目的，在已经制定了恰当措施保证数据主体的权利、自由与正当利益基础上，免受自动化决策约束权才会被限制适用。在此情形下，欧盟及其成员国应当采取适当措施保障数据主体的基本权利，禁止不成比例地以公共利益为理由不当减损免受自动化决策约束权。

其实，无论禁令说还是权利说，都是将算法适用于私人机构和公共机构作一体性考虑。如果我们将算法适用于私人机构和公共机构作区别对待，认为对公共机构应为禁令模式，唯有符合法律规定的豁免情形时才会被允许，那么 GDPR 的上述规定——公共机构要完全诉诸算法进行决策就必须有"法律授权依据"，且其目的是出于公共利益、风险防控或者确保控制者提供服务的安全性和可靠性等，适用前提是其已制定了恰当措施保证数据主体的权利、自由与正当利益——就完全可被理解为算法决策的法律保留。从具体类型来说，此种法律保留又显然属于德国法上的"加重法律保留"（qualifzierte Gesetzesvorbehalt），即公权机关采取此项措施限制公民权利不仅要有法律授权依据，同时还要求该项法律必须满足一定的前提要件、追求特定的目的或使用特定的方式。[1]

2. 原则与例外的关系模式

将法律保留作为算法适用于公共决策的界限首先意味立法对此的立场是原则禁止和例外允许，规范模式也相应表现为"原则与例外"的关系模式。[2]除 GDPR 外，此类关系模式的典型还有德国《联邦行政程序法》中有关"全自动化行政"（der vollautomatisiert erlassene Verwaltungsakt）的规定。根据该法第 35a 条的规定，全自动化行政行为被允许的前提之一在于必须有法律规范（Rechtssatz）的明确授权。唯有规范授权才能将行政行为的做出全部委托给机器，属于法律保留的经典表达。之所以要求这种"允许性保留"（Erlaubnisvorbehalt），首先在于法治国原则下的权利保障。算法作为"更好的决策者"会大大提升行政效能，但其内含的去人性化特质也会带来人主体性的丧失。由此，在算法决策应用上就始终存在政府效能与权利保障的张力。为确保人不被彻底异化且基于个案正义的理想模型，公共机构在信息收集、解释和决定方面的决策原则上都应由人工作出，只有基于效能考虑才可以例外地委托给机器。

要求有具体的规范授权同样意味着，立法者负有义务在行政效能与权利保护之间进行权衡，并在个别法中单独明确何种事项在何种程度上可委托给算法。[3]这种并非进行统一规定，而交由立法者个别处理的模式，同样是为因应算法技术的动态

---

[1] 参见赵宏：《限制的限制：德国基本权利限制模式的内在机理》，载《法学家》2011 年第 2 期。

[2] See Johannes Erichenhofer, "Der vollautomatisierte Verwaltungsakt zwischen Eiffizienz-und Rechtsschutzgebot", *DOEV*, 2023, S. 95.

[3] See Johannes Erichenhofer, "Der vollautomatisierte Verwaltungsakt zwischen Eiffizienz-und Rechtsschutzgebot", *DOEV*, 2023, S. 98.

发展和人类对人工智能的认识更新。对于在一般意义上能否将决策权全部委于算法，一直存在强人工智能和弱人工智能（starke und schwache KI-These）两种意见。前者认为机器可习得人类所有的思考和问题解决能力，也因此可胜任所有的人类决策，甚至比人类表现得更完美；但后者认为人类智慧不仅在于得出问题解决的结果，还在于决定解决路径，即问题是通过某种创造性方式还是只通过惯常方式解决，而这点在弱人工智能观念看来是机器难以习得的。[1]现实中人们的观点常常在上述两种倾向中拉扯，但这也恰恰说明，不作统一规定而是要求立法者在具体立法中权衡，甚至确保效能与权利保护可以相互支援而非彼此排挤，或许才能避免算法时代的法律和公共决策出现量子飞跃般的"体系断裂"和"模式移转"。[2]

3. 法律保留中被放宽的"法律"

若作严格解释，法律保留中的"法律"应为立法机关制定的法律，由此才能贯彻立法约束行政的原则意涵。但值得注意的是，无论是 GDPR 中的决策是由数据控制者所应遵守的欧盟或成员国的法律授权，还是德国《联邦行政程序法》中的全自动化行政行为必须有规范依据，都对作为允许性保留前提的法律做了放宽处理。德国法中的"法律规范"就不仅限于法律，还包括法规命令、自治规章等。[3]这种放宽的法律保留本质上

---

［1］ See Leonid Guggenberger, "Einsatz künslicher Intelligenz in der Verwaltung", *NVwZ*, 2019, S. 845.

［2］ See Johannes Erichenhofer, "Der vollautomatisierte Verwaltungsakt zwischen Eiffizienz-und Rechtsschutzgebot", *DOEV*, 2023, S. 101.

［3］ See Berger, "Der automatisierte Verwaltungsakt. Zu den Anforderungen an eine automatisierte Verwaltungsentscheidung an Beispiel des §35a VwVfG", *NVwZ*, 2018, S. 1260.

已是"法规范保留"[1]，其寓意在原则性禁止的前提下，算法进入公共决策仍旧被赋予了相对广阔的空间。

这种放宽处理的立场同样体现在我国《个人信息保护法》中。该法第13条在列举个人信息处理的合法性根据时，将第1款第（七）项"法律、行政法规规定的其他情形"作为兜底。这也意味着，对个人信息的处理除该条明确列举的情形以外，都必须有"法律、行政法规"的明确授权。在法律之外，同样可允许行政法规进行授权，可以说是对法律保留中的法律做了扩张处理。与第7项的兜底规定一致，《个人信息保护法》第34条对国家机关履行法定职责的规范依据同样做了扩张，其规定国家机关为履行法定职责处理个人信息，应当依照法律、行政法规规定的权限、程序进行，这也意味着，可以作为法定职责依据的除法律外，同样包括行政法规。《行政处罚法》第41条第1款关于利用电子技术监控设备的规定同样与《个人信息保护法》一致，行政机关依照法律、行政法规规定利用电子技术监控设备收集、固定违法事实的，应当经过法制和技术审核，确保电子技术监控设备符合标准、设置合理、标志明显，设置地点应当向社会公布。

这都说明，在个人信息处理和数据技术利用方面，法律的部分权限已被授予行政法规，这种授权虽不符合严格的法律保留，却也符合我国法律保留实施的现实。由此，如果公权机关直接适用算法作出涉及个人自由权和财产权的决定，自然要受《行政处罚法》《中华人民共和国行政强制法》（以下简称《行政强制法》）的约束；即使未直接处于上述行为法依据的辐射领域，只要公权机关基于个人信息处理进行算法决策，也至少

---

[1] 参见王贵松：《行政活动法律保留的结构变迁》，载《中国法学》2021年第1期。

应有行政法规的授权依据。《个人信息保护法》将处理个人信息的合法性依据扩展到行政法规，却未再授予地方性法规、规章等更下位的规范，其目的也是防御现实中行政机关以决策方式的更替为庇护，擅自突破界限而自我赋权。

4. 加重的法律保留作为适用类型

根据 GDPR 的经验，公共机构要完全诉诸算法进行决策除要有"法律授权依据"外，法律授权还只能是为了"公共利益、风险防控或者确保控制者提供服务的安全性和可靠性"等考虑。相比只是概括性授权的"简单法律保留"，加重的法律保留同样对立法者的权限进行了限定，由此避免将某些事项直接交由法律规定，却对其不加任何限制所导致的立法滥权。[1] 鉴于公权机关将决策权拱手让与算法可能导致的法治被架空、权利受克减，个人主体性被蚕食的巨大风险，对于公共决策完全的算法化不仅要有法律的授权依据，对于授权所追求的目的、满足的前提和使用的方式，法律也应予详尽规定，即加重的法律保留应该成为具体立法的首要选择。这里尤其要防御的是立法者以抽象公益，例如"为维护公共安全""为应对突发公共卫生事件"等事由不合比例地减损当事人的数据权利，立法者也必须在具体授权法中对概括和宽泛的抽象公益予以具体框定和说明。此外，如果允许公共机构适用算法予以决策，就应同时科以其采取妥善措施确保数据主体的权利与正当利益的义务。这一点作为法律保留的加重事由同样旨在贯彻风险分配原则：数据处理者和算法适用者作为风险创设者应被科以更多的风险预防责任，由此才能确保各方主体的获益大小与风险承担之间的合比例

---

〔1〕 See Reinhold Zippelius, *Allgemiene Staatslehre*, C. H. Beck, 15. Aufl., 2000, S. 301.

性。[1]

(二) 法律授权时的考虑因素

作为形式框架，法律保留确立了在公共决策适用算法时原则禁止和例外允许的关系模式，也科以立法者在政府效能与权利保护之间妥善权衡的具体义务。而法律规范在例外授权时又应考虑哪些因素，既可参考传统的法律保留原则，也应纳入算法决策的特点。这些考虑因素不仅攸关法律是否应作出授权决定，亦会决定授权法严苛还是宽松的规范强度。

1. 基本权利的保障

法律保留的最初要义就是为了权利保障，其要求行政活动只要涉及个人的基本权利，就必须有明确的行为法依据。这一点被誉为法律保留的法治国面向：因为权利的先国家性，行政要对权利予以干预就需有立法授权，就需征得个人同意。由此，即使行政将决策工具替换为算法，但只要决定触及个人基本权利，就仍旧要接受法律保留的约束。但何种基本权利要有严格的法律授权，何种基本权利可交由法律之下的其他规范处理，各国规定不一。典型的德日公法已从过去的侵害保留进阶到重要事项保留，这也意味着基本权利是否属于法律保留事项已不再依据其类型区分，只要行政决定攸关基本权利就都处于法律保留的覆盖范围，有所区别的只是授权法的规范强度。[2]

若论严格意义上的法律保留，我国的立场仍较为保守，主要涉及的只是基本权利中的自由权和财产权。《中华人民共和国立法法》（以下简称《立法法》）第11条规定，犯罪和刑罚；对公民政治权利的剥夺、限制人身自由的强制措施和处罚；对

---

[1] 参见劳东燕：《"人脸识别第一案"判决的法理分析》，载《环球法律评论》2022年第1期。

[2] See Hartmut Maurer, *Staatsrecht*, C. H. Beck, 1999, S. 285.

非国有财产的征收、征用只能制定法律；《行政处罚法》《行政强制法》亦将涉及人身自由的处罚和强制措施的创设权保留给法律。这些都是典型的侵害保留的表达。虽然只是提供了底线保护，但侵害保留既已明确规定于相关法律中，就不能因为公共机构行使权力的方式由人工替换为机器就擅自豁免。若算法决策的结果是生成了直接影响当事人自由权和财产权的具有法效性的决定，而并非只是纯粹的决策执行或是决策辅助，那么这种算法适用就必须有法律的明确授权，下位的法律规范显然无法成为合法性依据。这也意味着包括生命权、人身自由在内的自由权应受到更高程度的保护，立法者在将攸关这些基本权利的公共决策交由算法时也会受到更严格的约束，而在不能确保上述权利获得充分保障时，完全的算法决策更应被明确禁止。

2. 风险可控性与分级保护

算法技术其实已成为一把双刃剑，它在带来便利和效率的同时，还会引发重大风险，有时这种风险甚至会溢出技术系统，演变成对人的支配和压制。也因此，亦有国家是从算法决策可能引发的风险以及风险的可控性出发，结合具体场景适用分级保护和监管的模式。2019年加拿大颁布的《自动化决策指令》就是这种分级保护机制的典型。其从个人或集体的权利，个人或集体的健康和舒适，个人、实体或集体的经济利益、生态系统的可持续性四个维度将自动化决策分为四个等级：一级自动化决策通常会对上述因素产生可逆且短暂的影响；二级自动化决策对上述因素产生可逆的短期影响；三级自动化决策对上述因素产生难以逆转的持续性影响；四级自动化决策对上述因素产生不可逆的永久性影响。[1]这种分级保护体制决定将公共决

---

[1] 参见郑智航：《平衡论视角下个人免受自动化决策的法律保护？》，载《政法论丛》2022年第4期。

策权是否委于算法的考虑因素大致有两项：其一是自动化决策所影响的当事人的权利类型。如果算法决策关涉的是人的生命权或人身自由等这些重大权利，就不应完全交由算法完成，这一点延续了法律保留的思路。其二是自动化决策所产生的风险是可逆且暂时的，抑或是不可逆且永久性的，若是后者就应设置严格的算法适用界限。

加拿大的分级保护提供了一种根据技术引发的风险大小和强度以及是否可逆等因素，考虑是否能够授权的思路。这种思路又延续了法律规制技术的典型思考：如果某项技术应用可能带来无法估量且难以逆转的风险，在道德与伦理层面也受到一致批判，就应为法律所完全禁止，如基因编辑技术；如果某项技术应用虽能带来较大效益但风险难以预测，其中蕴含的政治性和社会性风险，甚至会对自由、民主、人权都构成严重威胁，就只应例外适用而原则禁止。GDPR对人脸识别技术采取原则上禁止的立场也是基于这一考虑；如果某项技术的适用收益大于风险，且预期风险较为可控，就应在合规的情况下允许其适用。[1]这种根据风险程度及其可控性来对技术应用予以区别处理的思路，同样可在决定算法能否适用于公共决策时被纳入。

3. 价值判断和自由裁量作为决策禁区

在应用清单的思考中有一项是设置算法应用于公共决策的禁区，这种思考又的确落实于美国2007年的"卢米斯案"（Loomis）判决和德国《联邦行政程序法》中，因此同样可成为法律授权的禁止性规定。

（1）"卢米斯案"与价值判断问题。

在"卢米斯案"中，初审法院参考了由COMPAS风险评估

---

〔1〕 参见劳东燕：《"人脸识别第一案"判决的法理分析》，载《环球法律评论》2022年第1期。

工具所作的评估报告，判处被告卢米斯 6 年有期徒刑和 5 年社区监督。该款评估工具是基于对被告的访谈以及从被告犯罪史中获取的信息，对被告的累犯风险进行评估。但被告认为法院依据 COMPAS 评估结果对其量刑处理侵犯了他获得个性化判决的权利，而且 COMPAS 报告仅提供与特定群体相关的数据，因此同样侵犯了其基于精确信息被量刑的权利。

尽管上诉法院最终仍旧维持了原判，但主审法官在判决中提示，风险评分不能用于"确定罪犯是否被监禁"或"确定刑罚的轻重"，算法决策工具在司法审判领域只能起到辅助裁判的作用，绝不能是法官的替代。其原因除了因为算法在数据质量、数量、算力等方面存在局限，以及算法可能继承了人类偏见，这些偏见又需要人为修正外，还在于解释和运用法条的工作本身蕴含着价值判断的要求，这个任务必须由有着同理心的人类法官完成，而不能纯粹诉诸技术理性，否则人的主体性地位就可能受到威胁。[1] 在此，我们能够发现"卢米斯案"提炼出的算法适用于刑事司法这类特殊公共决策的首要实体边界：若某项公共决策涉及利益冲突和价值判断，就不能全部交由算法处理。

这一认识目前已被广泛接受，价值判断也因此成为公共决策算法化的实体禁区。其原因在于，价值判断是一项依赖生活经验和决策预警的工作，由于社会环境无法全面数字化和符码化，算法往往无法领会和处理解决价值冲突所需要的人类情感和体悟，算法也并不具有人类因文明传承和生活经验所产生的对他人的同理和同情。从定罪量刑再推演到公共决策作出的整体流程，上述结论又会扩展为：事实识别和证据固定可由算法进行，对此部分的处理，算法决策往往比人类具有更高的精准

---

[1] 参见江溯：《自动化决策、刑事司法与算法规制——由卢米斯案引发的思考》，载《东方法学》2020 年第 3 期。

性,处理也更高效;但法律适用和决定作出不能完全交由算法。因为法律适用不尽然都是演绎和涵摄,还必须适用直觉或法感这些"软性的裁判因子",在涉及文化脉络时,更是攸关隐性知识或无意识,这些无疑是机器所不具备的。在需要借由个案解决来进行法律续造的领域,机器必然更是失败的。[1]

除了机器能力的有限外,将价值判断作为适用禁区更深层的考虑还在于:它会引发不负责任的法律适用。法律总是与责任互相连接,这也是权力/权利共同的行使条件和道德要求,对他人实施权力者,必须面对此人并承担责任。但机器既不为其裁判担保,更不会为裁判理由所担保。它不会将他人当作人来对待,也不会理解和展现尊重,它就是没有责任的权力。据此,不能轻易就放纵如此可怕的权力进入司法裁判和重大决策,而往此方向踏进的任何一步,都会被标记为法学伦理的禁忌实验。

(2)德国《联邦行政程序法》关于全自动化行政适用于裁量的禁止规定。

除价值判断外,"卢米斯案"判决提炼的另一项实体界限还在于,如果某项公共决策中存在裁量空间,也要求公权机关根据个案做出最符合个案的处理,此决策同样不能全部交由算法。因为算法结果过于倚重聚类数据,算法技术提供的也是标准化处理,这种处理方式既与法官的裁量权存在龃龉,同样会影响当事人获得个性化裁判的权利。[2]由此,除价值判断外,公权机关是否享有裁量权成为权衡算法可否用于行政任务的另一参考。对于高度不确定的,需要更多依赖人类裁量才能完成的任

---

[1] See Leonid Guggenberger, "Einsatz künslicher Intelligenz in der Verwaltung", *NVwZ*, 2019, S. 845.

[2] 参见江溯:《自动化决策、刑事司法与算法规制——由卢米斯案引发的思考》,载《东方法学》2020年第3期。

务，不能交由算法处理[1]，这一点同样为德国《联邦行政程序法》所明确规定。该法第 35a 条在论及全自动化行政行为的允许性时，除要求必须规范依据外，还规定唯有羁束行为才可适用全自动化，当行政行为中存在不确定法律概念和裁量时，就应严格排除全自动化行政的适用。

英美法语境中的价值判断从其含义来看，又对应欧陆法中的判断余地和效果裁量中的狭义自由裁量，[2]二者作为算法决策禁区的理由也因此互有重合。尽管从技术理性角度，自动化决策似乎可减少裁量的随意性，提高其一致性和客观性，避免人工因仓促或粗心所犯下的典型错误。但它无法以数学模型收集所有与裁量相关的信息，因此在个案处理能力上是有限的。尤其在法律适用阶段，决定的得出很多情况下都依赖语义确定与解释以及价值权衡，机器显然无法胜任此项工作，其在冲突目标的选择和权益分配上也会面临巨大困难，法律演绎推理（Justizsyllogismus）要转化为自动化的涵摄过程（Subsumtionsautomaten）尚有距离。因此，现阶段的算法决策仍旧被局限于纯粹形式意义上的计算选择（Rechenopreation），如果法律概念需要语义确定或解释，或是规范赋予了行政以补充、评级和决定裁量的空间，就应由人类自己决策。[3]

但裁量一律都不能适用算法的观点也受到一定质疑。从法律技术而言，裁量的行使大致可分为两个阶段：第一是普遍抽象的裁量（allgemein-abstrakte Ermessenausübung），如通过制定

---

[1] 参见陈锐、王文玉：《算法嵌入政府治理的权力异化风险及其规制方案》，载《理论探索》2022 年第 6 期。

[2] 参见王贵松：《行政裁量的构造与审查》，中国人民大学出版社 2016 年版，第 56~66 页。

[3] See Johannes Eichenhofer, "Der vollautomatisierte Verwaltungsakt zwischen Effizienz-und Rechtsschutzgebot", *DOEV*, 2023, S. 95.

行政规则而确立裁量基准；第二是具体特定的裁量，即公务人员在具体个案中参照上述基准作出最终的裁量决定。细究上述步骤，将第一阶段的裁量交由算法其实是可行的。但第二阶段因要作出符合事物特征的个案评价，需要在不完全信息下对不确定法律概念予以具体化，因此必须有人工介入，否则就会引发权利保障的危险。[1]但反对意见进一步认为，即使事物构造可通过计算性（Berechenbarkait）织入算法，人工智能系统也能对法律问题做出回答，但其无法对答案予以解释也无法进行法律论证，这同样不符合法治国下的理由说明要求，因此仍是违法的。[2]将价值判断和裁量作为算法决策的禁区，其实也符合人们对人工智能适用领域的核心设想：在高度复杂且无法预见的领域，即所谓"VUCA领域"[3]，应尽量排除机器的应用，因为攸关价值、目标、意愿、动机、兴趣、情绪等事项都与人类的理性有关，也与人之为人的主体性（Subjektivität）相关。[4]

4. 算法类型和所涉数据作为其他考量

除算法所影响的权利类型、影响程度以及风险等级外，算法类型、所涉数据等也都可成为法规范能否允许公共决策适用算法的考虑因素。

---

[1] See Julius Helbich, "Rechtsfragen der 'automatisierten' Ermessensausübung im Steuerrecht", *DStR*, 2017, S. 574.

[2] See Leonid Guggenberger, "Einsatz künstlicher Intelligenz in der Verwaltung", *NVwZ*, 2019, S. 848.

[3] "VUCA领域"即"Vocatility, Uncertainty, Complexity and Ambiguity"的缩写，所谓不稳定性、不确定性、复杂性和二义性。Leonid Guggenberger, "Einsatz künstlicher Intelligenz in der Verwaltung", *NVwZ*, 2019, S. 849.

[4] See Leonid Guggenberger, "Einsatz künstlicher Intelligenz in der Verwaltung", *NVwZ*, 2019, S. 850.

(1) 算法类型。

目前广泛适用于行政审批、交通执法、信用评估、税务稽查和风险防控等公共场景的算法，大致可划归为算法审批、算法辅助和算法预测等类型。以市场监管领域的"秒审批"为代表的算法审批诉诸"人工智能+机器人"，确立了申报、签名、审核、发照、公示、归档全流程电子化、智能化商事登记模式，由机器而非人工对符合标准化、规范化的申请实现秒审批。但这种秒审批方式是否可推广至所有行政审批事项需要斟酌。此处仍有根据事项的复杂性和确定性予以区分处理的必要：如审批事项有确定清晰的程序步骤以及可预见的决策结论，适用更精准和高效的算法决策显然是适宜的；如审批事项中有的步骤具有较高的复杂性和不确定性，就不应交由算法进行。

除算法类型外，算法在决策中发挥的作用，即算法只是作为公共决策的辅助工具还是彻底取代公权力成为真正的决策者，同样是确定算法适用界限的重要指标。完整的算法决策是无须人工干预，系统自动收集、分析数据并作出决策的运行模式。这种算法决策不仅直接针对个人作出了具有法效性的决定，还具有"即时执行、自我实现"的特点。[1]既然实现决策执行的算法要比决策辅助或是仅服务于纯粹决策执行的算法对个人权利的影响更大，也理应受到更严格的约束，法规范的规范强度自然也要更强。

算法预测是算法根据过去的数据来预测个人未来的行为，并根据预测结果允许或剥夺个体的行为选择。算法预测的决策过程依赖数据与推断结果之间的相关性。但这种人为建构的相关性认知模式，只是一种认知方法而并非唯一的认知方法。其

---

[1] 参见张凌寒：《算法权力的兴起、异化及法律规制》，载《法商研究》2019年第4期。

过程难免会忽略其他众多社会、文化及偶然性因素，并犯下以实然推断应然，以过去判断未来的谬误。[1]而在假释和量刑中采用风险预测算法，不仅与无罪推定精神颇有扞格，同样会否定无罪推定原则中的程序性保障。据此，公共决策若适用预测性算法直接作出具有法效性的决定，原则上应被禁止。但如果算法预测只是风险识别，并不会针对个人作出直接具有法效性的决定，其适用界限应适度放宽。例如，我国很多地方的公安机关目前都已开始适用犯罪预测系统。这种算法决策将刑事案件的治理从事后打击转为事前预防，公安机关也会根据算法预测向犯罪风险较高的区域投放更多警力。这种算法决策虽然也发挥了调配公共资源的作用，却未形成直接具有法效性的决定，对个人权利的影响仍旧是间接的。但亦有人指出，由算法进行的犯罪预测会造成某区域的公民受到更高警觉和更高密度的盘查，将原本有限的警力进行不均等分配，也会使警方自觉或不自觉地降低合理怀疑标准，进而在个案中造成不平等的心理与客观事实。[2]由此，经由算法的犯罪预防如何在公益性和政府权力滥用的危险性间权衡，也是未来亟须化解的难题。

（2）所涉数据类型。

算法从涉及的数据类型来看，敏感个人信息因与个人人格尊严直接关联，因此在法律上享有特别保护。《个人信息保护法》规定，只有在具有特定的目的和充分的必要性，并采取严格保护措施的情形下，个人信息处理者方可处理敏感个人信息。而法律、行政法规还可就处理敏感个人信息是否应取得个人的

---

[1] 参见张凌寒：《算法权力的兴起、异化及法律规制》，载《法商研究》2019年第4期。

[2] See Friso Selten, Marcel Robeer, Stephan Grimmelkhuijsen, "'Just like I thought': street-level bureaucats trust AI recommendeations if they confirm their professional judgment", *Public Administration Review*, Vol. 83, 2022, S. 5.

书面同意，以及是否应取得相关行政许可或作出其他限制作出特别规定。这些都说明，如果算法决策是以敏感个人信息为基础，就要有法律、行政法规的授权依据。以此为依据重新审视《个人信息保护法》第26条，尽管该条并未直接规定在公共场所安装图像采集、个人身份识别设备要有法律授权依据，仅要求上述行为应当为维护公共安全所必需，遵守国家有关规定，并设置限制的提示标识，但如果综合《个人信息保护法》的其他条文，公权机关在公共场所启用人脸识别设备，即使是为了维护公共安全，但因涉及敏感个人信息，也应有法律或行政法规的授权依据。

六、算法影响评估作为划定实体界限的程序性保障

法律保留可作为算法适用于公共决策的界限，在于其首先提供了算法决策的权利边界，即如果某种完全的自动化决策涉及个人的基本权利，是否可被允许就应属于立法决议，而非行政机关自主决定的事项。但这一原则历经嬗变同样纳入了民主主义的因子：即使某些事项不能被理解为对个体权利的侵害，若攸关公共福祉，同样应有法律保留的适用。攸关公共福祉的事项应由立法机关来决定，在于唯有立法机关在宪法分配秩序下才具有"冲突调解的特权"。[1]但强调将重要事项保留给立法机关，本质上又是发挥立法所具有的民主功能，即借由立法对行政的控制，实现人民对行政的控制。由此，如果我们将法律保留中的"法律支配"进一步引申为"人民支配"，那么在现行法尚未对公权机关可否适用算法作出某项决策予以规定前，

---

[1] See Arno Schetzberg, "Das subjective öffentliche Recht: Grundfragen und Fälle", *Jura* 2006 (1), S. 840.

事先吸纳公众参与并作出具有实质影响力的算法评估,同样是有助于划定决策边界的预防性手段,也是法律保留的程序性保障。

算法影响评估制度肇始于美国纽约 2018 年颁布的《算法问责法案》。该法旨在建立一套标准化的评估体系,对即将投入应用的算法进行事先审查,从而对其适用后果予以客观评估。[1] 加拿大政府紧随其后于 2019 年也颁布《自动化决策指令》,尝试以透明、问责、合法、程序公正等核心原则为指引,系统构建算法影响评估制度。[2] 这两部法案都首先将算法影响评估适用于公共决策,其目标正在于化解算法适用于公共决策的治理难题。GDPR 中虽然没有专门的算法评估,但从其第 35 条第 1 款要求必须强制性进行数据影响评估的事项来看,也都涉及公共决策对算法的适用:第一,基于包括画像在内的自动化处理而对自然人的个人特征进行的系统且广泛的评估,以及在此评估基础上作出的对自然人产生法律效果或类似显著影响的决定;第二,对 GDPR 规定的特殊类型数据的大规模处理或对刑事犯罪和违法行为的数据进行的大规模处理;第三,对公共区域的大规模系统监控。欧盟第二十九条资料保护工作组在其发布的"数据保护影响评估"(DPLA)中指明,上述评估旨在描述数据处理的过程,评估其必要性和合比例性,并通过评估对数据处理行为可能产生的风险加以管理。[3]

---

[1] See Zoe Beranard, "The First Bill to Examine 'Algorithmic Bias' in Government Agencies Has Just Passed in New York City", *Business Insider*, http://www.businessinsider.com/algorithmic-bias-accountability-bill-passes-in-new=york-city-2017-12(accessed Feb. 23, 2023)。

[2] 参见张欣:《算法影响评估制度的构建机理与中国方案》,载《法商研究》2021 年第 2 期。

[3] 参见程啸:《个人信息保护法理解与适用》,中国法制出版社 2021 年版,第 420 页。

算法评估作为事先的预防手段，又分别包含技术、风险分析和公众参与、外部稽查两个面向。一方面，鉴于算法的高度复杂性，倚赖传统的边界划定和治理模式已不完全可行，必须从技术层面对算法设计、部署、运行的全流程予以动态评估，以预先识别、跟踪并纠偏算法内置或潜在的偏误，增加算法运行系统的稳健性和可控性；另一方面，算法评估不仅要求对算法设计进行技术评估，还要求在评估过程中通过信息披露、公众参与等制度赋予利益相关主体程序性保障和参与渠道，以此来补足和强化算法决策的民主性和适当性。而借由事先的影响评估，算法决策也不再只是在封闭的技术系统中进行，而成为可由相关利益主体广泛参与并产生实质性影响的事项。[1]

我国《个人信息保护法》以 GDPR 为蓝本，同样在第 55 条规定了类似的个人信息影响评估，需要评估的事项就包含"利用个人信息进行自动化决策"。再依据第 55 条，此类影响评估又包含：个人信息的处理目的、处理方式等是否合法、正当、必要；对个人权益的影响及安全风险；所采取的保护措施是否合法、有效并与风险程度相适应。

但是，对照美国《算法问责法案》以及欧盟 GDPR，我们仍会发现，《个人信息保护法》尽管规定了对自动化决策的影响评估，这种粗放的算法评估还存在明显缺漏。首先，《个人信息保护法》第 55 条仅列明个人信息处理者有义务在事前进行个人信息保护影响评估，并对处理情况进行记录。记录虽为贯彻个人信息处理者的责任原则，也有助于证明其进行的个人信息处理活动是否符合法律、行政法规的要求，但这种个人数据影响评估是否能够在源头处阻公权机关适用某项自动化决策，从规

---

[1] 参见张欣：《算法影响评估制度的构建机理与中国方案》，载《法商研究》2021 年第 2 期。

范中却未可知。这就可能使评估会因执行保障机制不足而无法发挥事先防御的功能。其次,相较于美国《算法问责法》以及加拿大《自动化决策指令》中相对明确的算法评估技术框架和指标体系,[1]我国虽规定了个人信息影响评估,但评估内容未具体化。《个人信息保护法》第56条所列举的评估事项更近于一般的数据保护影响评估,缺乏对算法决策的针对性,也恐难解决自动化决策系统在运行中存在的歧视、偏误和不透明等难题。再其次,如上文所述,相比私人机构适用算法,算法适用于公共场景时更需要提升公众参与与信息披露,由此才能最大可能地释放算法评估制度中的民主功能,但这一点在《个人信息保护法》中同样未被要求。而以往的实践也表明,我国的公共机构虽然在智能安防、金融风控、城建监管、公卫防治、警务预测和司法审判等领域广泛适用算法决策,但在制定、评估、异议和救济环节鲜少向公众提供参与渠道,也不注重在自我评估基础上强化对评估结果的公开披露,这就使算法评估还仅停留于安全测评和风险预防的层面,并没有嵌入对公众参与和程序权利的保障。最后,算法评估不仅是预防性手段,同样也是问责制的构成。为保证上述目的的实现,就应在算法设计者、部署者和运行者自我评估的基础上,纳入外部问责和审计力量。也因此,美国《算法问责法案》采取自我评估和政府评估的双轨制。对属于法案中的"高风险自动化决策系统",除自我评估外还要由联邦贸易委员会与独立的稽核人员、技术专家展开独立的第三方评估。而在加拿大《自动化决策指令》中,

---

[1] 例如,加拿大《自动化决策指令》中以风险影响等级而将自动化决策划分为可逆和短暂性影响,可逆和短期性影响,难以逆转且持续性影响以及不可逆转且永久性影响4个等级,并分别确立评估指标体系;美国的《算法问责法案》也尝试在确定性的法律规则之外,确定可度量、可标定、可操作、可区分的分级化指标。

这种独立的第三方评估还被辅以有效的执行保障，如果未能有效履行评估义务和主体责任，可由财政委员会采取适当和可接受的任何措施。[1]但这一要求在《个人信息保护法》中同样缺失。

据此，要借由算法影响评估来化解传统法治对于公共机构适用算法决策的治理难题，未来还需由国家网信部门牵头组织一体化的评估机制，出台更细致的算法影响评估标准，在充分考虑不同类型的算法风险基础上，参考具体应用场景、决策风险、适用部门以及对数据主体产生的后果等因素出台类别化的评估框架和更细致的评估标准。[2]而针对公共机构算法应用的评估框架也应在技术性和安全性之外，更多考虑公众参与的保障和问责机制的纳入，由此才能使算法评估在法律保留等传统手段无法覆盖的地方发挥效用。

七、结语：警惕算法霸权

法治的核心永远都在如何防堵国家权力的扩张和滥用，不致使个人被彻底贬损为工具和客体。所以，当国家权力与算法技术相结合时，就必须警惕算法霸权的产生，也必须确保技术的根本目的永远都在人类福祉的增进，而不能任由其蜕变为公权机关支配和压制个人的工具。赫拉利曾在《未来简史》里警示众人：一旦权力从人类手中交给算法，人文主义的议题就可能惨遭淘汰。只要我们放弃了以人为中心的世界观，而秉持以数据为中心的世界观，人类的健康和幸福就不再那么重要……人类就有可能从设计者降级为芯片，再降成数据，最后在数据

---

[1] 加拿大《自动化决策指令》第 7.2 条。
[2] 参见宋华健：《反思与重塑：个人信息算法自动化决策的规制逻辑》，载《西北民族大学学报（哲学社会科学版）》2021 年第 6 期。

的洪流中溶解分散,如同滚滚洪流中的一块泥土。[1]在人工智能时代,技术首次超越了受人支配的客体地位,而人的主体性也受到前所未有的挑战。人的主体性的消解与人之为人概念的滑坡,又因由商业利益驱动、政府监管需求所推动的决策算法化而持续加剧。这些都需要现代法律予以积极回应。但法律对算法的规制并不能仅停留于工具层面,而是必须以人的主体性为核心和基础。无论是赋予个人体系性的数据权利,还是科以数据处理者算法公开、算法解释和算法评估的义务,抑或是探求公权机关适用算法决策的实体界限,其最终的目标都是确保人的主体性和自治性,使其不致因新兴技术的适用而被蚕食,也不致使法治约束公权的目的因人工智能时代的到来而落空。

---

[1] 参见[以色列]尤瓦尔·赫拉利:《未来简史:从智人到智神》,林俊宏译,中信出版集团2017年版,第365页。

ChatGPT 模型引入我国数字政府建设：
功能、风险及其规制

周智博[*]

一、引言

数字政府建设是新时代建设服务型政府，实现国家治理体系和治理能力现代化的重要举措。党的十九大以来，党和国家多次提出要"推进"和"加强"数字政府建设[1]，党的二十大更是明确提出要加快建设"数字中国"[2]。数字政府建设作为利用信息技术优化行政履职系统的智能化过程，离不开与时俱进的"技术赋能体系"，唯其如此，才能跟上时代潮流，满足行政履职的基本需要。

时下，ChatGPT 如此受欢迎，为我国建设更高水平的数字政府提供了一个契机。作为一个深度交互的人工智能系统，

---

[*] 作者简介：周智博，天津财经大学法学院讲师（天津 300221；408819572@qq.com）。

[1] 参见耿亚东：《数字中国建设背景下政府数字化转型路径探析》，载《治理现代化研究》2023 年第 1 期。

[2] 参见习近平：《高举中国特色社会主义伟大旗帜 为全面建设社会主义现代化国家而团结奋斗——在中国共产党第二十次全国代表大会上的报告》，载《人民日报》2022 年 10 月 26 日，第 1 版。

ChatGPT仅仅发布2个月，月活跃用户就超过了1个亿，创造了AI软件应用的新纪录。凭借其独特的语言交互能力，ChatGPT已经被广泛应用于金融、教育、科技、医疗等各个领域，可谓"一石激起千层浪"。面对ChatGPT的流行，不少人认为这是人工智能技术的一次重大突破，如比尔·盖茨（Gates B）直言，ChatGPT的影响不亚于互联网和个人电脑的诞生！[1]但也有不少人表示担忧，如科技巨头马斯克（Elon Musk）认为，ChatGPT让我们距离危险而强大的AI不远了。[2]截至目前，尽管由美国OpenAI公司开发的ChatGPT模型尚未正式引入我国，但国内诸如百度、阿里、腾讯等科技巨头竞相决定推出类似产品，以此为ChatGPT模型画上中国印记。

在此情况下，未来数字政府建设之技术需求与ChatGPT模型之间的互动就成为我们无法回避的问题，毕竟，不同于传统AI算法，ChatGPT模型能够给数字政府建设带来诸多"意外之喜"。依托于生成式人工智能（GAI）以及大语言模型（LLM），ChatGPT模型不仅可以深度学习各类知识，将复杂的人机互动加以"智能化"，同时还可以模拟各种场景，帮助人类处理各类语言和文字工作。正因如此，有学者指出，ChatGPT模型作为人工智能技术发展至今的一次"质变"，其应用是今后各国推行数字治理、建设数字政府、开展数字竞争所无法回避的议题[3]。当

---

[1] 参见《比尔·盖茨：ChatGPT表明人工智能历史意义不亚于"PC或互联网诞生"》，载 https://baijiahao.baidu.com/s？id=1756921369033985165&wfr=spider&for=pc，最后访问日期：2023年2月25日。

[2] 参见《马斯克：ChatGPT展示了AI已变得多先进，AI对人类是更大安全隐患》，载 https://www.thepaper.cn/newsDetail_forward_21929731，最后访问日期：2023年2月25日。

[3] 参见张佳欣等：《ChatGPT掀起技术狂潮："顶流"之下 看人工智能喜与忧》，载《科技日报》2023年2月16日，第5版。

前，美国、英国、日本和新加坡等国家的政府部门已明确发出了与 ChatGPT 合作的信号[1]。我国作为人工智能技术较为领先的国家之一，在将 ChatGPT 模型植入我国数字政府的过程中同样应该作出自己的判断，即 ChatGPT 技术模型对于我国数字政府建设具有哪些功能效用？其植入数字政府可能会诱发哪些安全风险？未来又该如何进行引导和规范？有鉴于此，本文将尝试对上述问题进行系统回应，从而为今后相关的理论探寻、技术应用以及制度规范提供些许启示。

二、技术赋能：ChatGPT 模型应用于数字政府的功效

ChatGPT 模型作为人工智能领域的一次重大技术性突破，本身带有很强的赋能特征，其深度的语言交互能力、高效的信息驱动能力以及精密的算法运行能力，对于政府从事公共服务大有裨益。通过将 ChatGPT 模型引入我国数字政府建设，至少能产生以下三方面积极作用。

（一）深度对话，增强数字政府的亲民性

友好的人机交互系统是数字政府建设的必然要求，易于理解、便于感知，是任何一项技术应用于数字政府的前提条件。尽管我国数字政府已经实现了从"对话智能体"（conversational agent）到"涉身对话智能"（embodied conversational agent）的技术转型，但距离人机双方实现流畅对话的终极目标始终存在一定距离[2]。当前，在数字政府建设过程中，各级政府很少从民

---

[1] 新加坡政府近日推行一个实验性项目，主题是利用 ChatGPT 模型辅助公务员草拟报告和演讲稿。参见《新加坡政府开发类 ChatGPT 系统帮公务员写报告，涉密信息除外》，载 https://www.thepaper.cn/newsDetail_forward_22108839，最后访问日期：2023 年 2 月 26 日。

[2] 参见张帆：《人机对话系统的困境与解决》，载《哲学分析》2022 年第 6 期。

众视角来检视一项技术的感知性与可接受性。其结果是，诸如物联网、区块链、人工智能等新型技术虽然从表面上赋予了数字政府以高度的便捷性和自动性，但由于内在"供需链条"的不匹配，使得这些技术始终无法真正深入人心，亦无法为人民提供满意的公共服务。根据《中国地方政府数据开放报告（2020 下半年）》统计，数字政府平台的亲民性严重不足，只有 22% 的平台提供了无障碍浏览模式、语言翻译、沟通对话等包容性功能[1]。

ChatGPT 模型内置了科学化和人性化的人工智能语言系统，能够通过学习和理解人类的语言来进行对话，还能根据聊天的上下文进行互动，其出人意料的语言"理解"和表达能力，已经超过 90% 的人[2]。因此，在数字政府建设过程中，ChatGPT 技术的引入可以显著提升人机交互的友好程度，这集中表现为：其一，增强了沟通与对话的智能性。相比于传统的 AI 对话系统，ChatGPT 在智能性上实现了重大突破。基于对行政公共服务数据的模拟训练，ChatGPT 能够仿照人类语言互动模式，根据公众指令完成包括行政登记、行政审批、行政许可、行政确认以及政府信息公开等在内的各项行政公共服务事宜，这将极大提升民众对行政服务的满意度。其二，增强了沟通与对话的艺术性。相比于冷冰冰的信息传达，ChatGPT 在运行过程中始终注重情境式表达，即在保证行政公共服务数据真实性、准确性和有用性的同时，最大程度上满足行政相对人的情感需求，从而真正意义上实现沟通与对话的"以人为本"。其三，增强了沟通与

---

[1] 参见冉连、张曦、张海霞：《政府数据开放中的公众参与行为：生成机理与促进策略》，载《现代情报》2022 年第 2 期。

[2] 参见孙伟平：《人机之间的工作竞争：挑战与出路——从风靡全球的 ChatGPT 谈起》，载《思想理论教育》2023 年第 3 期。

对话的对称性。在传统行政行为语境下，政府与公民之间并无缓冲地带，"人人交互"的行为模型使得相对人时常感到力不从心。作为一种对话系统，ChatGPT 则能够在一定程度上突破传统行政模式下的对话失衡局面，使政府与公众在对话结构上始终具有平等的地位。这种平等不仅表现为信息本身的透明，更在于其能够在对话过程中，以一种十分亲和的方式，将行政行为的法律依据、组织程序、救济机制等以对话的形式呈现在人们视野当中，从而将行政服务中的"官民摩擦"风险降到最低。

（二）技术嵌入，提高数字政府的效能性

技术赋能本身内含组织、技术和流程再造的制度逻辑，一项新型技术嵌入数字政府一般会经历"技术联结—信息驱动—结构再造"这三个阶段，三个环节环环相扣，共同推动了数字政府在治理结构、治理方式和治理效能上的深层次变革[1]。

首先，ChatGPT 模型增强了数字政府的技术联结能力。技术联结能力是人工智能技术成功赋能的关键所在[2]。ChatGPT 模型作为高度智能化的 AI 交互系统，本身内含十分先进的算法体系。依托于云计算、大数据、物联网、移动终端等构建的"云+网+端"生态[3]，ChatGPT 模型能够充分满足数字政府的运行需要，且随着技术联结性不断加深，数字政府的治理效能也势必有一个质的突破。

其次，ChatGPT 模型完善了数字政府的信息驱动系统。长期以来，信息驱动能力不足一直都是数字政府建设的一大掣肘，

---

[1] 参见胡重明：《"政府即平台"是可能的吗？——一个协同治理数字化实践的案例研究》，载《治理研究》2020 年第 3 期。

[2] 参见阙天舒、吕俊延：《智能时代下技术革新与政府治理的范式变革——计算式治理的效度与限度》，载《中国行政管理》2021 年第 2 期。

[3] 参见逯峰：《整体政府理念下的"数字政府"》，载《中国领导科学》2019 年第 6 期。

受制于科层体制、信息技术和信息人才的局限,各地政府往往心有余而力不足。ChatGPT模型作为大型数据处理系统,着重强调信息驱动能力建设,主张通过信息共享、信息交互以及信息协同机制来充分整合数据资源。因此,将ChatGPT模型引入数字政府建设,能够有效克服行政机关的技术短板,推动公共信息资源的融会贯通。

最后,ChatGPT模型优化了数字政府的结构再造体系。数字政府建设作为一个系统工程,时下"专业化—部门化—利益化"的治理模式严重影响了数字政府效能的提升,为此,如何打破这种"碎片化"治理格局就尤为重要[1]。ChatGPT模型作为一种新型AI技术,凭借其信息收集、数据分析以及语言重塑能力,能够有效整合政府治理资源,改善政府治理结构,推倒政府组织壁垒,实现跨部门、跨层级的协同治理。

(三)算法融入,推动数字政府的智慧性

当今,在政府从事公共管理过程中,借助人工智能算法实现科技赋能,已经成为各国提升行政服务水平的基本经验。ChatGPT模型内含高度发达的算法系统,在"PPO算法"的强力支撑下,ChatGPT模型能够有效提升数字政府的智慧性。

首先,ChatGPT模型提升了行政决策的科学性。在人工智能时代下,行政决策在一定程度上已经转变为"信息输入—数据分析—决策输出"的自动化公式。高度成熟的算法系统凭借其自主学习能力,往往能够妥善应对各类治理难题[2]。同样,ChatGPT模型通过自动抓取、精确识别、自动分类和高度模拟系

---

[1] 参见[美]斯蒂芬·戈德史密斯、威廉·D. 埃格斯:《网络化治理:公共部门的新形态》,孙迎春译,北京大学出版社2008年版,第17页。

[2] 参见陈鹏:《算法的权力:应用与规制》,载《浙江社会科学》2019年第4期。

统,能够对海量信息进行归类和整理,使基于大数据的政府智能决策成为可能。不仅如此,ChatGPT 还可以将决策议题转换为算法能够理解的数据模型,并结合行政主体、行政权限、行政程序、相对人请求等特定语境,帮助行政机关作出一个最优决策。

其次,ChatGPT 模型提升了行政程序的规范性。当前,随着科学技术的发展,人工智能算法已在无形中内嵌于政府的行政程序之中,悄无声息地完成了对行政程序的技术化改造。ChatGPT 模型作为一个智慧化的网络神经系统,始终强调对现实情境的模拟与重塑。通过将 ChatGPT 模型融入数字政府,特定行政方式、行政步骤、行政时限和行政顺序就能更加有迹可循,与之相关的行政审批程序、行政处罚程序、政府信息公开程序以及行政自由裁量程序等也可以在无形中变得更加标准化和规范化。

最后,ChatGPT 模型增强了数字政务的公平性。数字政府建设在给个人带来便利的同时,也伴随着新型的伦理挑战,算法歧视便是其中之一。作为新型的科技伦理风险,算法歧视是指人工智能时代下不合理的区别对待。时至今日,如何通过算法提供更加公平合理的公共服务,始终是数字政府建设的重要诉求。ChatGPT 模型引入数字政府能够很大程度上降低行政算法歧视风险。众所周知,低门槛、多元化、智能化始终是 ChatGPT 模型的最大优势,强大的语言算法系统,能够让 ChatGPT 模型全方位了解不同学历背景、不同年龄阶段、不同专业能力的行政相对人需求。不仅如此,基于简单的问答和指令系统,ChatGPT 模型还能一改此前"政府智能服务不智能"的窘境。从这个意义上讲,ChatGPT 模型在一定程度上顺应了人工智能时代下行政相对人的"期待转移"[1],极大地降低了行政算法对

---

〔1〕 参见梅立润:《人工智能时代国家治理的算法依赖及其衍生难题》,载《中南大学学报(社会科学版)》2022 年第 6 期。

不同人群的歧视风险。

三、技术风险：ChatGPT 模型应用于数字政府的安全隐患

人工智能技术本身是一把双刃剑，在 ChatGPT 模型服务于数字政府建设的同时，也伴随着来自国家层面、政府层面以及个人层面的数字安全风险，相关风险认知对于我国数字政府建设具有重要意义。

（一）国家层面：国家数据主权之安全风险

在大数据时代下，数据作为政府从事智能化管理的重要战略资源，不仅关乎数字政府的运行状态，同时还涉及国家数据主权安全[1]。作为一个舶来品，ChatGPT 模型在应用于我国数字政府建设的过程中，很可能会给国家数据主权带来如下两方面风险。

其一，国家数据情报安全风险。在大数据时代下，国家情报安全无疑被提上了新的高度，一旦相关数据被他国情报部门入侵，就很可能引发"数据污染""数据窃取"以及"数据攻击"等安全隐患[2]。众所周知，数字政府的持续运行需始终以政治、经济、文化、社会等各个领域的"关键性基础信息"[3]

---

〔1〕 国家数据主权安全作为国家主权在网络空间领域的延伸，是国家对数据、软件、标准、服务和其他数字基础设施享有的合法控制权、最高管辖权以及独立自主权。参见孙南翔、张晓君：《论数据主权——基于虚拟空间博弈与合作的考察》，载《太平洋学报》2015 年第 2 期。

〔2〕 参见吴承义、唐笑虹：《大数据时代国家安全情报面临的变革与挑战》，载《情报杂志》2020 年第 6 期。

〔3〕 根据国务院公布的《关键信息基础设施安全保护条例》可知，关键信息基础设施是指公共通信和信息服务、能源、交通、水利、金融、公共服务、电子政务、国防科技工业等重要行业和领域的，以及其他一旦遭到破坏、丧失功能或者数据泄露，可能严重危害国家安全、国计民生、公共利益的重要网络设施、信息系统等。

作为支撑。如果直接将 ChatGPT 模型应用到我国数字政府平台中，则意味着将这些"关键性基础信息"的收集权、使用权、分析权、存储权交由 ChatGPT 数据平台处置，稍有不慎，就可能引发超大规模敏感性信息的泄露风险。不仅如此，ChatGPT 模型的语言交互行为带有很强的价值传输属性，在服务于数字政府的过程中，很可能因为安全立场分歧对我国主流安全价值观造成负面影响，进而引发数据情报安全隐患。

其二，数据主权技术安全隐患。自主、安全、可靠的技术是维护国家数据主权安全的重要保障，在将 ChatGPT 模型引入数字政府建设的过程中，我国极有可能面临因自主技术不足而引发的安全隐患。据悉，早在 2015 年，OpenAI 公司就基于自主研发的 PPO 算法推出了语言模型 GPT-1，时至今日，这一公司又围绕这一模型开发出了神经网络（Jukebox）、图像神经网络（CLIP）、人工智能系统（DALL·E）等多项前沿技术，并初步将模型从第一代发展到了第四代。然而，相较于 OpenAI 公司，我国对于类 ChatGPT 模型的研发起步相对较晚，诸如百度、腾讯、阿里等公司于 2019 年才开始涉足这一领域。因此，如何在克服芯片研发困难的同时，开发出大型神经网络和语言交互系统，进而实现技术的补强与赶超，无疑是今后我国数字政府建设的重大挑战。不仅如此，除却我国自身研发能力不足，同时还面临 OpenAI 公司的直接技术性封锁，即截至目前，OpenAI 的应用程序编程接口（API）并未向我国正式开放，这种技术性垄断也在一定程度上阻滞了 ChatGPT 模型在我国数字政府中的应用。

（二）政府层面：行政权公共性之解构风险

根据《中华人民共和国宪法》，国家一切权力属于人民，因此，无论数字政府如何发展，公共行政始终都是其主色调[1]。但随着 ChatGPT 模型的融入，数字政府将会或多或少面临一些公共性伦理挑战，稍有不慎，就会引发行政权力公共性的解构风险。

一方面，数字技术资本入侵风险。与传统经济资本中的技术力量不同，数字技术资本在人工智能时代下掌握着更高的话语主导权以及资源配置权[2]。在逐利价值观的影响下，ChatGPT 模型的数字技术资本属性在带来政府数字科技革新的同时，也在一定程度上加剧了行政权力公共属性的解构。随着技术、市场、资本等各方面资源的不断聚集，ChatGPT 模型背后的技术资本很可能拥有比公权力机关更为强大的影响、控制与支配权，甚至将传统行政权力中蕴含的公益色彩排除在外。申言之，ChatGPT 拥有的技术优势很可能会因为其逐利特质而造成对公民的行为支配，并将"政府—相对人"的行政法律关系演变为"ChatGPT—公民"的支配性法律关系。正如有学者指出，资本的逐利本质将会进一步引发"数字方式"的异象，并导致政府公共秩序的强烈阵痛[3]。

另一方面，追责链条断裂风险。行政追责是强化行政权力公共属性的关键一环，在传统行政决策视域下，遵循"谁决策，谁负责"的理念，基本可以实现行政追责的逻辑闭环[4]。但随

---

〔1〕参见李承、王运生:《当代公共行政的民主范式》，载《政治学研究》2000年第4期。

〔2〕参见孟飞、冯明宇:《数字资本主义的技术批判与当代技术运用的合理界域》，载《东北大学学报（社会科学版）》2022年第4期。

〔3〕参见孟庆国、崔萌:《数字政府治理的伦理探寻——基于马克思政治哲学的视角》，载《中国行政管理》2020年第6期。

〔4〕参见周叶中:《论重大行政决策问责机制的构建》，载《广东社会科学》2015年第2期。

着 ChatGPT 模型的引入，权力、责任和算法的关系愈发紧密，一旦因 ChatGPT 模型内部算法黑箱、算法偏差等原因引发决策失误，相应的行政追责逻辑链条很可能会存在断裂风险。申言之，政府很可能会基于 ChatGPT 模型运行失误而推诿责任，同样，除却民事责任，我们也很难对 ChatGPT 模型课以行政责任，否则很容易混淆行政行为与市场行为的责任边界[1]。更重要的是，ChatGPT 模型在行政决策环节很可能会由辅助系统演变为事实上的决策系统，甚至在特定情形下直接取代政府公务人员自身的价值判断[2]，这无疑将进一步加剧行政追责链条的断裂风险。总之，新型算法系统与传统行政主体在行政决策中的角色错位，使得行政决策很可能会陷入一种无责可追的状态之中。在这一方面，英国女性在乳腺癌筛查中遭遇的追责窘境就是算法行政责任链条断裂的鲜明实例[3]。

（三）个人层面：公民数据权利之侵犯风险

数字政府建设并非一种静态的理论假想，而是一种动态、开放的阶段性过程[4]，ChatGPT 模型并不能从根本上消解数字政府建设与公民数据权利保障之间的张力。公众在享受政府智能化服务的同时，也要时刻承受数据权利被侵犯的风险。

---

[1] 参见王怀勇、邓若翰：《算法行政：现实挑战与法律应对》，载《行政法学研究》2022 年第 4 期。

[2] 参见陈飏、裴亚楠：《论自动化行政中算法决策应用风险及其防范路径》，载《西南民族大学学报（人文社会科学版）》2021 年第 1 期。

[3] 2018 年在英国女性乳腺癌筛查漏检丑闻中，关于"算法错误"究竟是怎么产生的，国家卫生医疗系统、公共卫生局以及负责软件维护的日立咨询公司三方互相踢皮球，至今仍然未有定论。参见汝绪华：《算法政治：风险、发生逻辑与治理》，载《厦门大学学报（哲学社会科学版）》2018 年第 6 期。

[4] See Attard J., Orlandi F., Scerri S., et al., "A systematic review of Open government data initiatives", *Government Information Quarterly*, Vol. 32, No. 4, 2015, pp. 399-418.

首先，个人信息过度收集风险。ChatGPT模型的高效运行离不开对信息数据的收集，脱离海量数据的支撑，ChatGPT模型的语言能动性将会大打折扣。截至目前，OpenAI公司在未经数据权人同意的前提下，已经收集了上千亿条的数据资源，且其中包含了大量个人敏感数据[1]。正所谓"资源集聚在一定程度上就是权力集聚"[2]，一旦ChatGPT模型被正式引入数字政府之中，那么其掌握的个人信息数据将会呈指数倍增长。在这种情况下，ChatGPT模型基于信息数据的资源集聚效应，很可能会进一步对普通公民施以"数据权力支配"。更重要的是，有了"政府合作"这层合法外衣，ChatGPT模型对于个人信息数据的收集将会更加肆无忌惮，庞大的数据基数、多元的数据种类、高超的分析能力，将会给公民个人隐私权保障带来严重挑战。

其次，个人数据深度整合风险。数据整合是指通过一定数据转化、数据推理和数据模拟技术，将规模庞大、排序散乱的数据转换为具有一定规律性和逻辑性数据的处理机制。深度、专业、高效且精准的数据整合系统赋予了ChatGPT模型以极大优势，但问题是，在建设数字政府的过程中，ChatGPT模型很可能会偏离公共行政目标，在政府和用户不知情的情况下，将数据整合系统转为他用。毕竟，算法黑箱的存在使得社会公众虽然能在表面上感知算法的宏观运行，却始终不能追根溯源，对其内部一窥究竟[3]。在这种情况下，公民数据权保障难免会陷

---

[1] 根据OpenAI的隐私政策，ChatGPT模型有权随时收集用户的IP地址、浏览器类型及设置、用户与网站互动的数据，包括用户所参与的内容类型和使用的功能，另外它还会收集用户在不同时间以及不同网站上的浏览活动信息。

[2] 参见周旺生：《论作为支配性力量的权力资源》，载《北京大学学报（哲学社会科学版）》2004年第4期。

[3] 参见谭九生、范晓韵：《算法"黑箱"的成因、风险及其治理》，载《湖南科技大学学报（社会科学版）》2020年第6期。

入更加被动的局面。

再其次，个人数据存储和泄露风险。其一，未经允许的个人信息存储。当前，OpenAI 公司并未提供任何渠道供个人检查其数据存储库。不仅如此，OpenAI 公司信息使用条款也并未包含任何数据存储的保护和救济内容。其二，无限期的个人数据存储。根据《中华人民共和国个人信息保护法》（以下简称《个人信息保护法》）[1]，信息存储是有时间限制的，并非可以肆无忌惮地加以保留。但在实践中，ChatGPT 模型并未明确规定信息存储期限，这种"刻意"回避显然不利于公民数据权的保障。其三，个人数据泄露风险。在数字政府建设过程中，ChatGPT 模型极有可能因为数据处理不当造成公民数据泄露，这不但会对公民的"数据人格"造成侵害，甚至会因为公民的焦虑和抵触情绪，让数字政府建设陷入"寒蝉效应"[2]。

最后，个人数据支配风险。仅从表面看，服务于数字政府的 ChatGPT 技术是客观中立的产物，可一旦这种技术融入特定法律关系，其中立性便会经不起推敲。可以想象，随着数字政府建设不断推进，在商业化需求的导向下，ChatGPT 模型对政府的智能化服务极有可能转变为对公民个人的数据支配和统治。申言之，我们在利用算法提升数字政府效能的同时，ChatGPT 模型也很可能演变为"准数据权力"机关，在看似平等的数据法律关系中愈发占据主动性，并成为公民数据权利侵害的主要风险源。

---

[1]《个人信息保护法》第 19 条规定，除法律、行政法规另有规定外，个人信息的保存期限应当为实现处理目的所必要的最短时间。

[2] See Solove D J., Citron D K., "Risk and Anxiety: A Theory of Data-Breach Harms", *Texas Law Review*, Vol. 96, No. 4., 2018, pp. 737-786.

四、技术规制：ChatGPT 模型应用于数字政府的路径规范

在数字政府建设过程中，风险与规制相生相随，唯有建立一个涵盖数据规范、责任导向、权利保障以及技术培育的完整体系，ChatGPT 的技术应用才能被纳入一个安全可控的范围之内。

（一）数据规范：推动 ChatGPT 数据的分类分级

当前，随着数据安全上升到国家主权安全层面，数据分类分级制度已经成为国家数据治理的必然选择[1]。所谓"数据分类分级"，是指国家以数据敏感程度、运作方式、运行目的等为标准，将数据类型化为不同等级和类别的制度模型。从根本上讲，ChatGPT 模型引发的数据安全风险源于其所依托和处理的数据，如果我们在源头阶段建立数据分类分级制度，就能实现对 ChatGPT 模型的有效规范。当前，我国以《中华人民共和国数据安全法》（以下简称《数据安全法》）、《工业数据分类分级指南（试行）》《科学数据管理办法》等为代表的规范文件已经围绕数据分类分级提出了初步的战略构想，如《数据安全法》明确国家要建立数据分类分级保护制度[2]。在此，为了降低 ChatGPT 模型处理数据所产生的风险，今后应该围绕《数据安全法》，以数据内含的价值、利益和公共属性为标准，在国家主导下建立"自上而下"的数据分类分级制度。在中央层面，应

---

[1] 参见崔爽：《国家网信办：拟建立数据分类分级保护制度》，载《科技日报》2021 年 11 月 15 日，第 3 版。

[2]《数据安全法》第 21 条第 1 款规定，国家建立数据分类分级保护制度，根据数据在经济社会发展中的重要程度，以及一旦遭到篡改、破坏、泄露或者非法获取、非法利用，对国家安全、公共利益或者个人、组织合法权益造成的危害程度，对数据实行分类分级保护。国家数据安全工作协调机制统筹协调有关部门制定重要数据目录，加强对重要数据的保护。

该建立国家数据安全工作协调机制，根据数据对国家、社会和个人的重要程度，建立数据分类分级的总体性框架和目录。之后，再根据强制性适配规则，由不同层级的政府主管部门加以具体细化，从而为 ChatGPT 模型应用于数字政府提供一个安全准确、可供操作的数据处理规则。首先，就高等级涉密数据而言，涉及国家主权安全和个人隐私的信息，ChatGPT 模型背后的数据处理系统无权涉及，政府在与 ChatGPT 模型合作的过程中也应保持这类数据的绝对安全。其次，就中等级涉密数据而言，对于部分涉及企业商业秘密的数据，政府经数据所有者同意，可以适度向 ChatGPT 模型开放。如此，就能在公共利益与个人利益之间形成一个良性平衡。另外，基于"协商"这一前置要件，政府的裁量权也能够得到适度规范。最后，就低等级无涉密数据而言，对于不涉及国家安全、个人隐私和商业安全的数据，政府有权将其完全交由 ChatGPT 模型，从而最大程度上提升政府的公共服务效能。需要注意的是，无论是哪一等级和类别的数据，ChatGPT 模型在数据收集、处理和应用过程中都必须始终依照法律进行。与此同时，数据分类分级并不等同于绝对意义上的"闭关锁国"。在全球化视野下，全球数据流通与数据治理已经是大势所趋，为了避免因为数据过度分类分级而降低数据治理价值，今后我国应该秉持安全、动态、合作以及可持续的发展原则[1]，把握好数据分类分级与数据治理效能之间的张力，科学制定数据分类分级目录，从而实现数据治理效能的最大化。

（二）责任导向：完善 ChatGPT 模型的责任链条

诚如上文所言，尽管 ChatGPT 模型在一定程度上提升了行

---

[1] 参见洪延青：《国家安全视野中的数据分类分级保护》，载《中国法律评论》2021 年第 5 期。

政决策的自动化效能，但为避免ChatGPT模型植入行政决策所导致的"无责可追"，必须健全配套的追责链条。需要明确的是，无论是行政机关还是ChatGPT模型的服务提供者，都不能基于算法而免责。此前有学者一度认为，算法作为一门科学技术，基于其价值中立性，相应的算法决策也是客观的，可以有效避免传统政府治理模式下行政裁量的偏向性问题[1]。本文认为这种算法责任虚无主义明显违背了人工智能时代下的算法价值伦理，我们必须予以抵制。申言之，即便ChatGPT模型具有很强的技术性，运行原理和过程不易被普通公众理解和把握，但行政机关和ChatGPT模型的服务提供者并不因此享有豁免权，区别仅在于责任承担形式有所不同而已。

一方面，就政府而言，其应该就ChatGPT模型的决策失误承担行政责任。行政机关是算法决策过程中唯一"出场"的行政主体，一旦特定行政决策对行政相对人的权益造成了不利影响，行政机关理应被视为第一责任人。究其原因，作为ChatGPT模型的实际应用者，行政机关始终负有审慎依赖的义务，具体而言：（1）ChatGPT模型引入阶段的安全审查责任。在ChatGPT模型植入阶段，政府有义务基于公共性审慎选择数字合作平台。当前，考虑到政府自身研发能力不足，各地在建设数字政府过程中更多采用"政企合作"模式，但这种合作并非简单的"拿来主义"。相反，在数字政府建设过程中，政府对于特定算法技术应用必须保持审慎态度，即基于"利之所在，损之所归"的基本理念，政府理应审慎考察合作平台资质、充分了解合作平台技术、妥善签订平台合作协议，从而将ChatGPT模型应用的负外部效用降到最低，否则，一旦因为前期审查不当，那么其

---

[1] 参见王文玉：《算法嵌入政府治理的优势、挑战与法律规制》，载《华中科技大学学报（社会科学版）》2021年第4期。

必须承担相应的行政责任；（2）ChatGPT 模型应用阶段的结果甄别责任。尽管算法决策具有很强的自动化特征，但政府在基于算法作出行政决策的过程中，仍然能够在一定程度上控制算法的运用。ChatGPT 模型作为一种语言系统，其结果输出往往取决于问题输入，操作者对数据筛选、数据输入以及结果采用等应始终承担一定的谨慎处理义务。政府有义务意识到"算法至上"和"算法代表"的陷阱，进而决定如何应用算法决策方案，一旦因为过分依赖而诱发行政决策失误，就必须承担相应的行政责任。

另一方面，就服务提供者而言，其应该就 ChatGPT 模型的决策失误承担民事责任。算法的提供者在某种程度上直接决定了 ChatGPT 模型的运行过程和结果，即其不仅能够在算法开发阶段控制算法的实际运行状态，还能在算法的运营中实时监测算法的运行公式、算法的训练模型以及语言操作系统。按照此种观点，算法从根本上属于"产品"[1]，如果 ChatGPT 模型存在缺陷或瑕疵，政府有权依据委托开发合同以及民事法律法规来向服务提供者进行追责，责任承担内容可以包括经济赔偿、合同单方解除权利、纳入政府采购黑名单等[2]。

（三）权利保障：强化公民数据权的国家保护义务

面对来自 ChatGPT 模型的数据权利侵害，传统基本权利功能视域下针对国家的防御权模式难免力有不逮，此时，引入国家保护义务理论就尤为必要。所谓国家保护义务，是指基于宪法基本权利的辐射效力，要求国家对来自私法主体的基本权利

---

[1] 参见王叶刚：《个人信息处理者算法自动化决策致害的民事责任——以〈个人信息保护法〉第 24 条为中心》，载《中国人民大学学报》2022 年第 6 期。

[2] 参见王怀勇、邓若翰：《算法行政：现实挑战与法律应对》，载《行政法学研究》2022 年第 4 期。

侵害行为采取积极的国家保护措施，从而保障弱势一方基本权利实现的义务。

首先，就事前阶段而言，应强化立法机关的风险预防义务。人工智能时代下，为减少公民基本权利的不确定性，国家必须事先履行风险预防义务[1]。风险预防义务是国家保护义务在数据权领域的体现，要求国家必须积极完善立法，从而有效防止第三人对数据权的不当侵犯。诚如欧盟工业主管蒂埃里·布雷顿（Thierry Breton）表示，ChatGPT带来的权利侵害风险，凸显了制定预防性规则的迫切需要。[2]在此，为了有效防止ChatGPT模型在数字政府建设过程中对公民数据权的侵犯，必须围绕《个人信息保护法》优化"知情—同意"规则。有效的"知情—同意"规则应遵循"明确告知—充分知情—自主自愿—明确同意"的逻辑路径。当前，鉴于"明确告知"环节仍存在一定不足，今后法律必须细化ChatGPT模型的告知义务，强调其以一种简洁、透明、通俗、易懂的方式向数据权主体作出解释和说明，且数据处理的风险性程度越高，告知规则就要越明确，唯其如此，数据权主体的"数据同意"才更为真实可靠[3]。需要注意的是，国家的风险预防并不同于风险消除，这意味着基本权利保障必须是动态和包容的，一旦主客观条件发生了变化，相应的预防方式、预防程度和预防内容也应该进行配套变更。

---

[1] 参见王旭：《论国家在宪法上的风险预防义务》，载《法商研究》2019年第5期。

[2] 参见中国青年报：《ChatGPT爆火 伦理安全拷问现行治理体系》，载https://baijiahao.baidu.com/s? id = 1758391383708671496&wfr = spider&for = pchttps://baijiahao.baidu.com/s? id = 1758391383708671496&wfr = spider&for = pc，最后访问日期：2023年2月25日。

[3] 参见于海防：《个人信息处理同意的性质与有效条件》，载《法学》2022年第8期。

申言之，国家保护义务并非一蹴而就，而是一个长期、动态且持续的过程，一旦法律的适用环境发生了变化，立法者必须进行配套修改和补充，否则同样违反了国家保护义务[1]。

其次，就事中阶段而言，应明确行政机关的侵害排除义务。在数字政府建设过程中，政府不仅是数字平台的合作者，同时也是数字平台的监管者，其对 ChatGPT 模型与数据权主体之间的关系始终负有平衡义务。具体而言，通过政府监管，"知情—同意"规则的实效性将会大大增强，促使 ChatGPT 模型更加合理地提供数字服务。同时，面对 ChatGPT 模型对公民数据权的侵犯风险，行政机关应适时启动行政处罚机制，通过没收违法所得、停业整顿、吊销营业执照等制裁措施，为数据权主体提供一种实时性、机制性的保障。此外，面对数据平台的数据违规处理，国家网信办还可以根据群众举报启动行政约谈机制，强制 ChatGPT 数据平台限期完成整改。事实证明，"行政约谈+行政处罚"的监管模式往往事半功倍，可以有效规范数据平台的信息处理行为，为公民数据权提供全方位的保障[2]。当然，通过行政监管来强化国家保护义务也是有边界的，即应尽可能避免因为监管过度而侵犯 ChatGPT 模型服务提供者的经营自由权，进而触发防御权模式。

最后，就事后阶段而言，应强化司法机关的权利救济义务。司法救济同样是数据权国家保护义务的重要机制，当今世界，无论是英美法系国家还是大陆法系国家，在数字政府建设过程中，都愈发重视法院在数据权保障中的能动作用。有鉴于此，

---

〔1〕 参见陈征：《基本权利的国家保护义务功能》，载《法学研究》2008 年第 1 期。

〔2〕 参见谭海波、史钰宏：《政府对互联网信息服务平台的约谈有选择性吗？——基于 2018—2021 年网信办 94 份行政约谈数据的分析》，载《行政论坛》2022 年第 6 期。

一方面，应完善数据权举证责任体系。"举证难"一直是数据权主体维权的一大障碍，考虑到现有数据权举证规则不甚清晰，今后应该明确数据侵权适用过错推定责任。正如有学者所言，采用过错推定原则能够更好地平衡双方当事人的利益诉求[1]，即在减轻数据弱势群体举证责任的同时，还能课以数据平台基本的注意义务，从而更好地保障数据权主体的基本权益。另一方面，完善数据权集体诉讼机制。考虑到公民个人作为弱势群体在维护自身数据权过程中的不利地位，今后应适时引入集体诉讼机制，如将科技行业协会作为诉讼代表，从而克服数据权主体在政府数据开放中的被动地位，让数据权救济更加有的放矢[2]。

(四)技术培育：加强对 ChatGPT 技术的引导与研发

当前，数字技术已经成为国家数据主权竞争以及数据安全维护的重要依托[3]。国家在建设数字政府的过程中，不能一味奉行"技术拿来主义"，对 ChatGPT 技术进行配套的引导与研发同样不容忽视。

一方面，加强对 ChatGPT 技术的伦理性引导。理念是行动的先导，ChatGPT 模型作为一项颠覆传统人工智能的新型技术，其在植入数字政府的过程中始终隐藏着一定伦理性挑战，且稍不留意就会产生诸如国家数据主权风险、数字技术资本侵蚀以

---

[1] 参见陈吉栋：《个人信息的侵权救济》，载《交大法学》2019年第4期。

[2] 此前，德国联邦司法与消费者保护部公布了一项法律草案，草案建议对《不作为之诉法》进行修改，通过修改赋予团体针对企业的信息数据侵权提起集体诉讼的权利，也就是说在个人救济不力的时候，可以让消费者协会来承担集体诉讼。参见徐苗：《德国消费者团体诉讼研究——兼论其对中国消费公益诉讼的借鉴意义》，南京大学2016年硕士学位论文。

[3] 参见保建云：《世界各国面临数据与数字技术发展的新挑战》，载《人民论坛》2022年第4期。

及公民数据权侵犯等一系列安全隐患,因此,我们必须妥善处理好 ChatGPT 技术发展与伦理价值约束之间的关系。早在 2004 年简·芳汀(Jane E. Fountain)就曾明确指出,信息技术究竟是强化还是颠覆人类传统价值伦理,是任何国家都必须明确的问题[1],其中,一项数字技术是否符合特定国家、社会的伦理和价值观,更是其推广和应用的重要标准[2]。于当前我国而言,中华民族的价值伦理集中体现为社会主义核心价值观[3],为减少 ChatGPT 模型对我国价值伦理的侵蚀,今后理应将 ChatGPT 模型纳入社会主义核心价值观的语境下,切实发挥伦理调节、伦理评估以及伦理督导的功能作用,从而将 ChatGPT 模型应用纳入持续、包容、健康、和谐的轨道。

另一方面,加强对 ChatGPT 技术的公益性研发和投入。ChatGPT 模型的发展需要以各项核心技术作为支撑,其不仅涉及传统的芯片技术,更涉及最前沿的 GAI 以及 LLM,与之相应,ChatGPT 模型的研发和投入往往具有投资大、耗能高、周期长等特质。尽管国内诸如百度、阿里、科大讯飞、腾讯等公司先后计划发布类似 ChatGPT 的产品服务,但受制于市场主体的自利性、自发性和短视性,产品服务质量难以保障,同时还存在一定的资本侵蚀风险。因此,为了强化国家主权保障的技术支撑作用,维护我国数据主权安全和国家情报安全,今后必须加强我国自主的类 ChatGPT 技术的创新与研发。在其中,尤其要注

---

[1] 参见姚清晨、郁俊莉:《嵌入与变构:数字化技术重塑政府治理体系的逻辑及其基层困境》,载《甘肃行政学院学报》2021 年第 5 期。
[2] See Moses L B., Chan. J., "Using Big Data for Legal and Law Enforcement Decisions: Testing the New Tools", *University of New South Wales Law Journal*, Vol. 37, No. 2., 2014, pp. 643-678.
[3] 参见孙光宁:《社会主义核心价值观的法源地位及其作用提升》,载《中国法学》2022 年第 2 期。

重发挥社会主义举国创新体制的优越性,将不同区域、不同领域、不同行业的科技资源集中起来,在短时间内有效克服各类科技难题,以此实现国家创新体系的协同攻关[1]。申言之,唯有加强对 ChatGPT 模型的公益性研发和投入,我国才能打破国外技术垄断,为数字政府建设提供一套安全、自主、可靠的技术体系。

五、结语

ChatGPT 模型作为人工智能领域的重大技术突破,在数字政府建设过程中,一味地排斥或者接纳都不可取,唯有将技术赋能、技术风险以及技术规制加以综合统筹,才能摆脱"技术利维坦"的窘境,将数字政府建设纳入健康、包容和可持续的轨道之中。事实证明,ChatGPT 模型能够推动数字政府更加亲民、高效和智能,但同时也可能引发来自国家层面、政府层面以及个人层面的数字安全风险,这要求我们必须建立一个涵盖数据规范、责任导向、权利保障以及技术培育的完整体系。为了最大程度上降低 ChatGPT 模型对公民数据权利的侵害,立法机关的风险预防、行政机关的侵害排除以及司法机关的权利救济尤为重要。总之,ChatGPT 模型的植入应始终置于法治框架之中,即在把握人工智能技术发展规律的基础之上,以客观辩证的思维、持续包容的理念以及系统规制的路径加以法治化调适,从而让 ChatGPT 模型更好地服务于我国数字政府建设。

---

[1] 参见雷丽芳、潜伟、吕科伟:《科技举国体制的内涵与模式》,载《科学学研究》2020 年第 11 期。